DK

So wunderbar ist unsere Welt!

Jess French

DK | Penguin Random House

DK London
Text Dr. Jess French
Fachliche Beratung Louise Mair
Lektorat Sophie Parkes, Sarah MacLeod, Mindy Fichter, Penny Smith, Sarah Larter
Gestaltung und Bildredaktion Charlotte Bull, Sadie Thomas, Mabel Chan
Umschlaggestaltung Issy Walsh
Herstellung Nikoleta Parasaki, John Casey
Illustrationen Aleesha Nandhra

Für die deutsche Ausgabe:
Verlagsleitung Monika Schlitzer
Programmleitung Heike Faßbender
Redaktionsleitung Martina Glöde
Projektbetreuung Natalie Capalija
Herstellungsleitung Dorothee Whittaker
Herstellungskoordination Bianca Isack
Herstellung Verena Marquart

Titel der englischen Originalausgabe:
It's a Wonderful World

Übersetzung Eva Sixt
Lektorat Elena Bruns

ISBN 978-3-8310-4532-7

Druck und Bindung TBB, a.s., Slowakei

www.dk-verlag.de

Hinweis
Die Informationen und Ratschläge in diesem Buch sind von den Autoren und vom Verlag sorgfältig erwogen und geprüft, dennoch kann eine Garantie nicht übernommen werden. Eine Haftung der Autoren bzw. des Verlags und seiner Beauftragten für Personen-, Sach- und Vermögensschäden ist ausgeschlossen.

Inhalt

Einführung

Unser Planet ist unglaublich groß, nicht wahr? Hast du schon mal auf das weite Meer geblickt oder vom Gipfel eines Berges auf die Landschaft unter dir geschaut und dich gefragt, wo dein Platz in der Welt ist? Ich habe es getan. Man fühlt sich so klein und unbedeutend an solchen Orten. Aber auch ein Mensch alleine kann erstaunliche Veränderungen bewirken. Sie betreffen die Zukunft der Tiere, Pflanzen und Menschen, die auf der Erde leben. Die Erde braucht Kinder wie dich, um die Natur zu bewahren und zu schützen.

Wir Menschen sind nicht immer gut mit der Natur umgegangen, obwohl wir auf sie angewiesen sind. Inzwischen sind viele Tier- und Pflanzenarten vom Aussterben bedroht. Aber die Welt ist voller Wunder und es gibt noch immer unzählige Lebensräume, die du entdecken kannst.

Komm mit auf eine Reise um die Welt! Lass uns gemeinsam lernen, wie wir die Natur schützen können.

Jess French

Jess French

Wo sind wir?

Die Erde ist nur ein winziger Teil des unvorstellbar großen und rätselhaften Universums. Aber für uns und alle anderen Lebewesen ist sie sehr besonders, denn bisher kennen wir keinen anderen Planeten, auf dem es Leben gibt.

Sonne

Die Sonne ist unser nächster Stern. Sie befindet sich im Zentrum des Sonnensystems. Mit ihrer Anziehungskraft, der sogenannten Schwerkraft, hält sie die Erde auf ihrer Umlaufbahn fest. Die Sonne versorgt uns mit Wärme und Licht. Ohne sie gäbe es kein Leben auf der Erde.

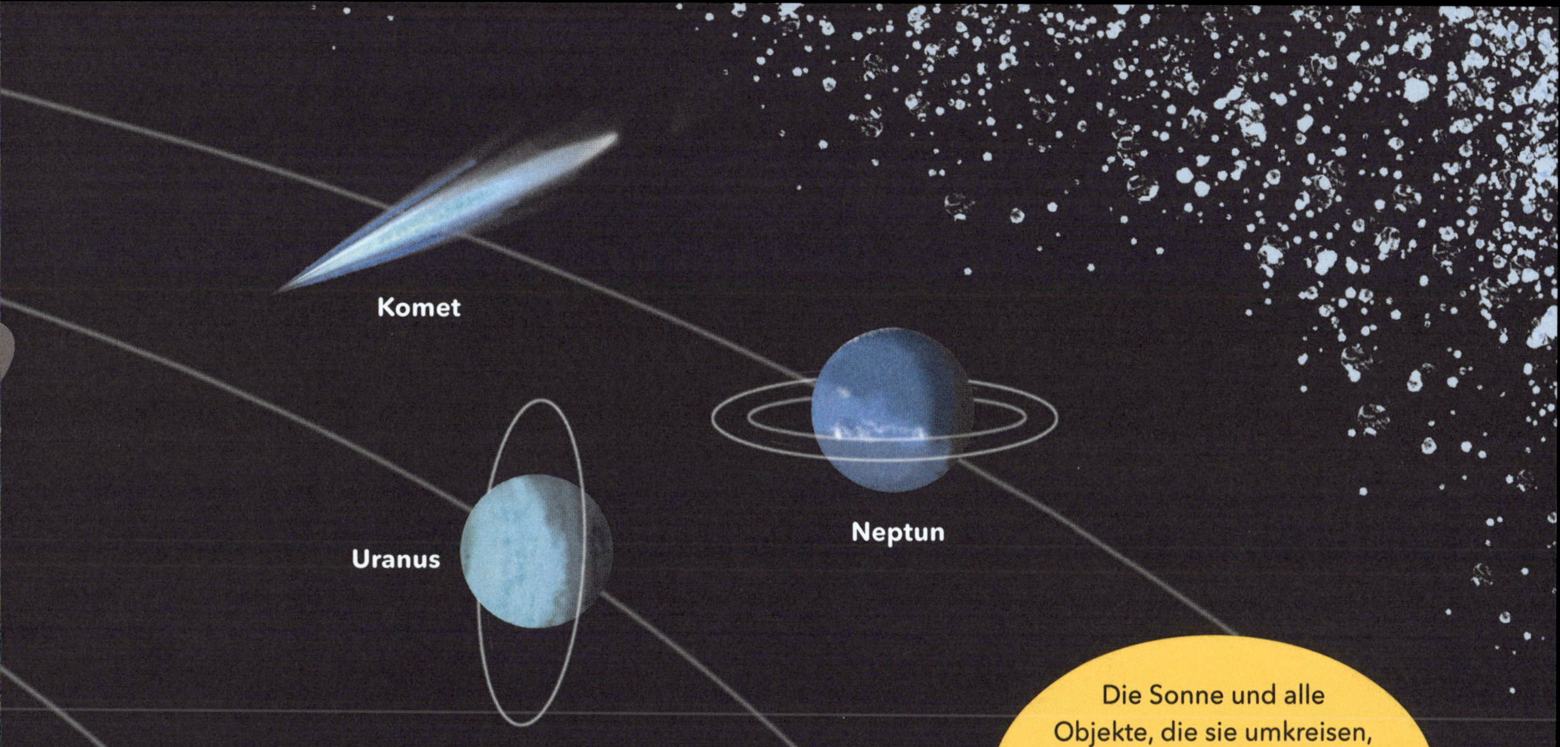

Die Sonne und alle Objekte, die sie umkreisen, bilden zusammen das Sonnensystem. Es befindet sich in der spiralförmigen Galaxie, die wir Milchstraße nennen.

Zukunft der Erde

In den Jahrmillionen, seit sich auf der Erde die ersten Lebewesen entwickelt haben, hat sich vieles verändert. Doch wenn man unseren Planeten vom Weltall aus betrachtet, sieht er noch immer fast gleich aus. Auch in weiteren Jahrmillionen wird die Erde wohl eine kleine blaue Kugel sein, aber es wird sich wieder viel verändert haben.

Erde

Ohne Wasser, Sauerstoff und Wärme gäbe es kein Leben. Die Erde ist von einer Gasschicht umgeben, die man Atmosphäre nennt. Sie hält uns warm und versorgt uns mit Sauerstoff, den wir atmen. Außerdem gibt es genug Wasser: Ozeane und Meere bedecken über 70 Prozent der Erdoberfläche.

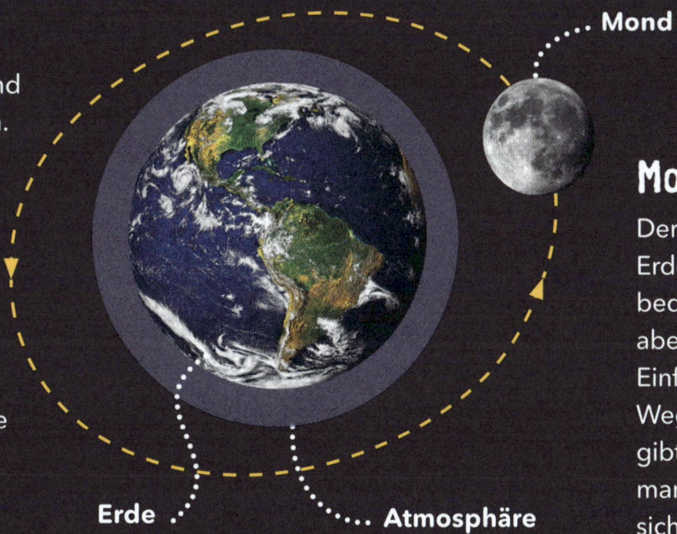

Mond

Der Mond umkreist die Erde. Er ist zwar nicht so bedeutend wie die Sonne, aber er hat einen großen Einfluss auf die Erde. Wegen seiner Schwerkraft gibt es Ebbe und Flut und manche Tiere orientieren sich nachts am Mondlicht.

Atmosphäre

Wie viele andere Planeten auch, ist unsere Erde von einer Gashülle umgeben, die wir Atmosphäre nennen. Die verschiedenen Gase kommen in bestimmten Mengen in der Atmosphäre vor. Dies sorgt dafür, dass auf der Erde geeignete Temperaturen für die Lebewesen herrschen. Die Atmosphäre wird in fünf Hauptschichten unterteilt.

700–10000 km

80–700 km

50–80 km

12–50 km

0–12 km

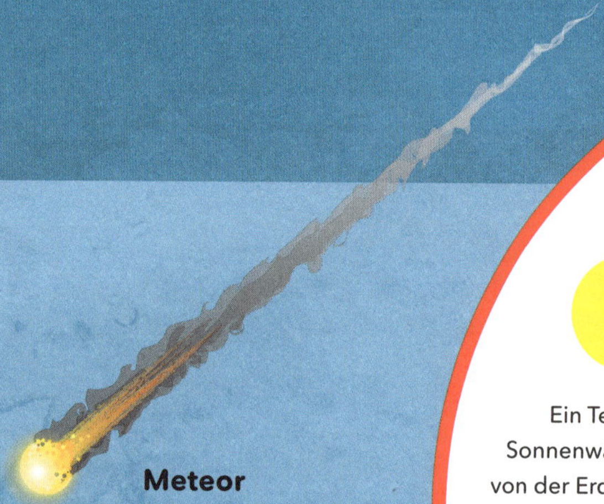

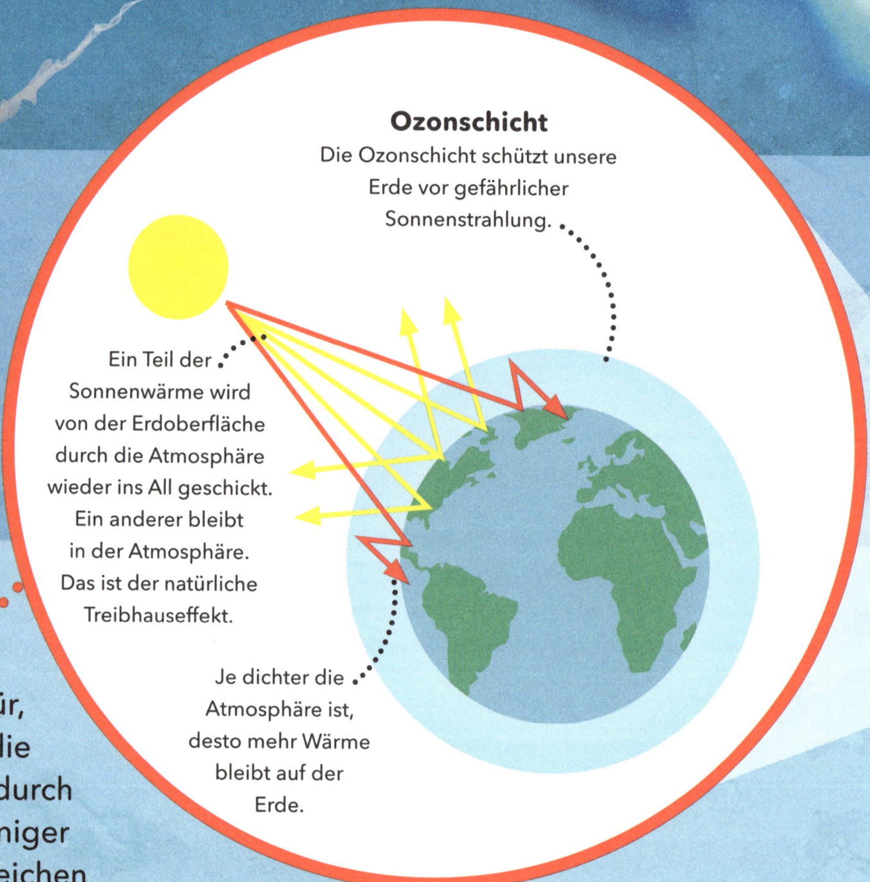

Treibhauseffekt gesteigert

Autos und Fabriken sorgen unter anderem dafür, dass immer mehr Gase in die Atmosphäre gelangen. Dadurch wird sie dichter, sodass weniger Sonnenwärme ins All entweichen kann. Auf der Erde wird es daher wärmer. Wir verstärken so den natürlichen Treibhauseffekt.

Exosphäre

Satellit

Die äußerste Schicht der Erdatmosphäre bildet den Übergang zum Weltraum.

Raumschiff

Thermosphäre

Geisterhafte Polarlichter entstehen vor allem in dieser Schicht.

Polarlicht

Mesosphäre

Hier verglühen Gesteinsbrocken aus dem All.

Stratosphäre

Hier befindet sich die Ozonschicht. Während es in der Troposphäre kühler wird, je höher man kommt, steigt die Temperatur in der Stratosphäre mit zunehmender Höhe.

Wetterballon

Troposphäre

In dieser Schicht leben wir.

Klimawandel

Wir Menschen verändern das Klima auf der Erde. Während der letzten Jahrhunderte haben wir fossile Kraftstoffe wie Kohle oder Erdöl verbrannt, Wälder gerodet und sehr viel Müll produziert. Dabei gelangten so viele Treibhausgase in die Atmosphäre, dass es auf der Erde nach und nach wärmer wurde. Dieser Prozess hält an, wir können ihn aber bremsen, wenn wir schnell unser Verhalten ändern.

Weil es auf der Erde wärmer wird, schmelzen die Eisschilde an den Polen. Dadurch steigt der Meeresspiegel und das Wetter wird extremer.

Weniger Treibhausgase

Wir alle können ganz einfach dazu beitragen, dass weniger Treibhausgase in die Atmosphäre gelangen. Wir können zu Fuß gehen, statt mit dem Auto zu fahren, Energiesparlampen verwenden und das Licht ausschalten, wenn wir das Zimmer verlassen.

Erneuerbare Energie, z.B. aus Solar- und Windkraftanlagen, ist besser.

Wasser

Wasser ist sehr wertvoll und für Tiere und Pflanzen lebenswichtig. Der Anteil des Wassers auf der Erde verändert sich nicht. Alles Wasser durchläuft einen unendlichen Kreislauf, der von der Sonne angetrieben wird.

1 Wasser fällt als Regen, Hagel oder Schnee aus den Wolken.

Der Wasserkreislauf

Wasser ist im gigantischen Wasserkreislauf der Erde immerzu in Bewegung. Das meiste Wasser ist flüssig und bildet die Ozeane und Meere. Aber es kann seinen Zustand verändern und zu Eis gefrieren, wenn es sehr kalt ist. Bei ausreichend Wärme wird es gasförmig und bildet Wasserdampf.

2 Das Wasser sammelt sich in Flüssen und Seen. Schließlich gelangt es in die Ozeane.

Wie können wir Wasser sparen?

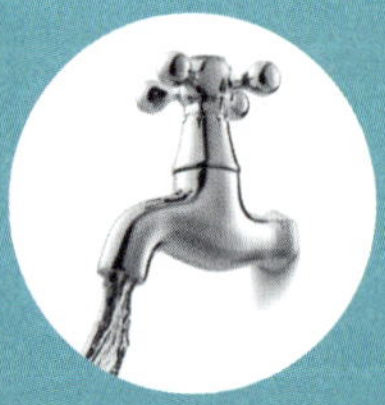

Wasserhahn beim Zähneputzen zudrehen.

Mit dem Badewasser kann die Toilette gespült werden.

Kurze Dusche statt Vollbad.

Regenwasser sammeln, um den Garten zu gießen.

Lebenswichtig

Leider hat nicht jeder Mensch Zugang zu sauberem Trinkwasser und Wasser aus der Leitung. Mehr als zwei Milliarden Menschen haben keine andere Wahl, als verschmutztes Wasser zu trinken. Manche müssen auch viele Stunden lang laufen, um an sauberes Wasser zu kommen. Verschmutztes Wasser kann gefährliche Krankheiten verursachen.

3 Von der Sonne erwärmtes Wasser wird zu Wasserdampf.

4 Wenn Wasserdampf aufsteigt, kühlt er in den höheren Luftschichten ab und wird wieder flüssig. Aus den winzigen Wassertröpfchen bilden sich dann Wolken.

Weniger als 1 % des Wassers der Erde ist Trinkwasser.

Zimmerpflanzen mit dem Kochwasser vom Gemüse gießen.

Energiesparprogramme für Spülmaschine und Waschmaschine wählen.

Tropfende Wasserhähne gleich reparieren.

Verschmutzung

Deshalb wird Wasser verschmutzt:

Aus Pipelines kann Erdöl ins Wasser fließen.

Müll wird ins Meer gespült.

Gefährliche Chemikalien gelangen aus Müllkippen und Fabriken ins Wasser.

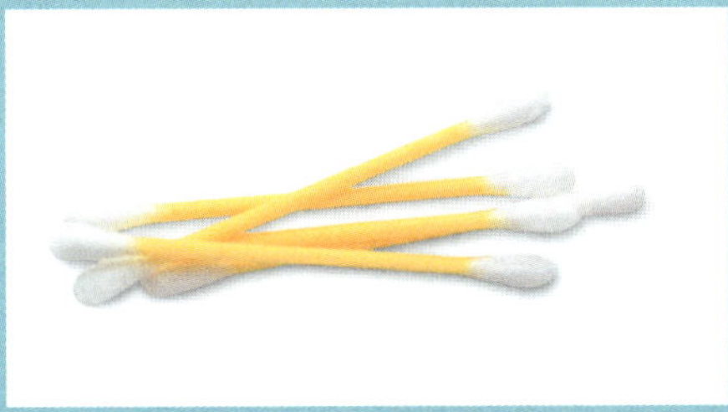

Müll und giftige Abfälle werden in Toiletten hinuntergespült.

Flüssiger Dünger aus der Landwirtschaft gelangt ins Wasser.

Im Gleichgewicht

Wir Menschen sind nur ein Teil der fantastischen Natur. Alles in der Natur bildet ein System, das sich selbst steuert, sodass alle Lebewesen miteinander im Gleichgewicht bleiben. Wir verändern die natürlichen Systeme aber viel zu stark. Um das Gleichgewicht zu bewahren, müssen wir unser Verhalten rasch ändern.

Wenn wir fossile Kraftstoffe verbrennen, gelangen große Mengen Kohlenstoffdioxid und andere schädliche Gase in die Atmosphäre.

Die Ozeane
Die Ozeane und Meere speichern Kohlenstoffdioxid. Sie nehmen auch Wärme auf und verteilen sie über den ganzen Planeten.

Bäume beschränken sich

Schau bei deinem nächsten Waldspaziergang mal in die Baumkronen! Die Zweige wachsen nur so weit, bis kein Platz mehr vorhanden ist. Man nennt das „Kronenschüchternheit“. Jedes Lebewesen muss sich auf seinen Anteil an den natürlichen Ressourcen beschränken. Auch wir dürfen nicht rücksichtslos in andere Lebensräume eindringen.

Die Atmosphäre

Wenn alles gut funktioniert, schützt die Atmosphäre vor der Strahlung der Sonne und reguliert die Temperaturen auf der Erde.

Erdüberlastungstag

Wir können für jedes Jahr das Datum ermitteln, an dem die Menschheit die Menge an nachwachsenden Rohstoffen verbraucht hat, die sich in einem Jahr erneuern kann. Ab diesem Tag beginnt die Übernutzung der natürlichen Rohstoffe. 2021 war der Erdüberlastungstag der 29. Juli.

Bäume

Bäume sind die Lungen der Erde. Sie speichern das Treibhausgas Kohlenstoffdioxid und geben lebenswichtigen Sauerstoff ab, den wir atmen. Leider werden zu viele Wälder gerodet. Oft müssen sie Farmen weichen, auf denen zusätzliche Treibhausgase anfallen.

Nicht heimische Arten

Wenn wir fremde Arten in einer Region auswildern und sie sich dann stark ausbreiten, wie z.B. Grauhörnchen in England, kann es passieren, dass sie einheimische Arten verdrängen.

Plastikmüll

Abfälle, die in den natürlichen Systemen anfallen, werden effektiv wiederverwertet. Unsere Plastikprodukte kann die Natur jedoch nicht verwerten. Wir müssen dringend etwas gegen die Unmengen an Plastikmüll unternehmen, der die Ozeane und Meere verschmutzt.

Pflanzen

Pflanzen tragen dazu bei, das Klima stabil zu halten. Sie befestigen den Erdboden unter unseren Füßen und reinigen die Luft, die wir atmen. Wenn wir Zeit im Grünen verbringen, fühlen wir uns glücklicher und sind gesünder.

Fotosynthese
Pflanzen wandeln mit der Energie des Sonnenlichts Wasser und Kohlenstoffdioxid in Zucker um. Dabei wird Sauerstoff frei. Man nennt dies Fotosynthese. Indem Pflanzen Kohlenstoffdioxid aufnehmen und den Kohlenstoff in ihren Blättern und Stängeln speichern, wirken sie dem Klimawandel entgegen.

Drachenbaum
Dieser Baum kann Hitze gut ertragen. Mit seinen langen Blättern nimmt er Feuchtigkeit aus der Luft auf.

Bienenragwurz

Orchideenmantis

Nadelbäume

Farne

Blütenpflanzen

Es gibt ungefähr 370 000 verschiedene Arten von blühenden Pflanzen und jede Art trägt einzigartige Blüten. Einige Insekten sind als Blüten getarnt wie die Orchideenmantis. Beutetiere bemerken diese Jägerin erst, wenn es zu spät ist.

Pflanzen ohne Blüten

Die ersten Pflanzen der Erde trugen keine Blüten. Auch heute gibt es viele Pflanzen ohne Blüten wie Moose, Farne und Nadelbäume. Einige bilden Samen, während andere Sporen freisetzen, die sich zu neuen Pflanzen entwickeln.

Hochwasserschutz
Bäume verhindern Überschwemmungen, denn ihre Blätter, Zweige und Stämme sorgen dafür, dass das Regenwasser den Erdboden nicht so schnell erreicht, und dienen als Wasserspeicher

Pflanzen bieten Lebensräume
Viele Tiere wie dieser Orang-Utan leben auf Bäumen, in Hecken oder an und in anderen Pflanzen.

Fallendes Laub
Wenn die Blätter auf den Boden gefallen sind, zersetzen sie sich. So gelangen die Nährstoffe wieder in den Boden.

Befestigung
Wurzeln stabilisieren den Erdboden. Blanker Boden wird leichter vom Wind und Regen abgetragen, sodass sich Wüsten ausbreiten oder Berghänge abrutschen.

Manche Pflanzenfresser wie Pandas und Koalas ernähren sich nur von einer oder wenigen Pflanzenarten.

Fleischfresser
In Gebieten mit nährstoffarmen Böden haben es Pflanzen schwer. Fleischfressende Pflanzen wie Kannenpflanzen, Venusfliegenfallen und Sonnentau fangen deshalb kleine Tiere, um ihre Nährstoffe aufzunehmen.

Das Problem:
Etwa zwei von fünf Pflanzen sind aus den folgenden Gründen gefährdet:

Bäume werden gefällt, denn sie müssen Farmen, Siedlungen oder Plantagen weichen.

Boden wird betoniert und asphaltiert, sodass keine Pflanzen wachsen können.

Das hilft:
Wir können biologisch angebaute Lebensmittel kaufen und essen.

Kaufe Bio-Früchte und Bio-Gemüse aus deiner Region.

Du kannst auch selbst Obst und Gemüse anbauen.

Gräser

Fast überall auf der Erde wachsen Gräser. Sie sind sehr anpassungsfähig, breiten sich schnell aus und schützen den Erdboden. Es gibt viele verschiedene Grasländer, wie Savannen, Bambuswälder, Salzmarschen, Viehweiden und Wiesen.

Grasländer

Gebiete, in denen so wenig Regen fällt, dass es kaum Bäume gibt, sind mit Gräsern bewachsen. Die Grasländer, genannt Savannen, sind Heimat für Pflanzenfresser, die die Gräser abweiden, und Raubtiere, die wiederum die Pflanzenfresser jagen. Savannen gibt es in warmen Regionen. In den afrikanischen Savannen leben Löwen, Elefanten und Zebras.

Das Problem:

Viele Grasländer sind bedroht. Sie werden in Felder und Plantagen mit Nutzpflanzen oder in Viehweiden umgewandelt.

Sehr viele Insekten ernähren sich von Blütennektar. Wenn Grasländer mit Blütenpflanzen bewirtschafteten Feldern weichen müssen, finden Insekten keine Nahrung mehr.

Wenn man zu viele Weidetiere hält, fressen sie die gesamte Grasdecke ab. Das führt dazu, dass der Boden vom Wind und Regen abgetragen wird. Zurück bleibt eine Wüste.

Bambuswälder

Obwohl die dicken Bambushalme so hoch werden, dass sie an Bäume erinnern, gehört Bambus zu den Gräsern. Einige Arten können an einem einzigen Tag 90 cm wachsen! Bambuswälder sind so dicht, dass kaum Licht bis zum Erdboden vordringt. Deshalb wetteifern die Halme um Licht und wachsen so extrem schnell.

Gräser sind für uns unglaublich wichtig. Jeden Tag nutzen wir sie auf unterschiedliche Weise.

Wie nutzen wir Gräser?

Wir bauen Getreide an, wie Weizen, Reis und Hafer. Es liefert uns und unseren Nutztieren Nahrung.

Aus Bambus kann man Häuser bauen und mit Stroh das Dach decken.

Das hilft:

Indem wir unser Verhalten ändern, können wir die Grasländer schützen.

Es ist gut, den Rasen nicht so oft zu mähen. An Stellen, wo Gräser und Wildblumen wachsen, leben Insekten und andere Wildtiere.

Man kann Tiere auch umweltfreundlich halten. Wenn du Fleisch isst, dann achte darauf, dass die Tiere gut gehalten wurden.

Wenn du weniger Fleisch isst, müssen auch weniger Weidetiere gehalten werden. Das ist gut für die Wiesen!

Algen

Algen gibt es in unendlich vielen Formen und Größen, von winzigen Einzellern bis hin zu riesigem Seetang. Sie wachsen fast überall auf der Erde. Am häufigsten sind sie in Seen, Flüssen und Ozeanen, aber auch an Baumstämmen und sogar im Schnee wachsen bestimmte Arten.

Erstaunliche Algen

Genau wie Pflanzen nehmen auch Algen Kohlenstoffdioxid auf und geben Sauerstoff ab. Sie spielen eine wichtige Rolle in den Nahrungskreisläufen: In vielen Wasser-Ökosystemen bilden sie die Grundlage der Nahrungsnetze.

In Wäldern aus Seetang kommen viele Tiere vor, wie Seeotter, Seeigel, Kalmare, junge Fische und Robben.

Zusammenarbeit

Algen bilden oft Partnerschaften mit anderen Lebewesen.

Flechten sind Lebensgemeinschaften aus Algen und Pilzen. Die Partner versorgen sich gegenseitig mit Nährstoffen.

Algen versorgen die Korallen mit Zucker und Sauerstoff. Im Gegenzug sind sie im Körper der Korallen gut geschützt.

Algen verleihen den Korallen ihre wunderschönen Farben wie Rosa, Violett, Gelb oder Blau.

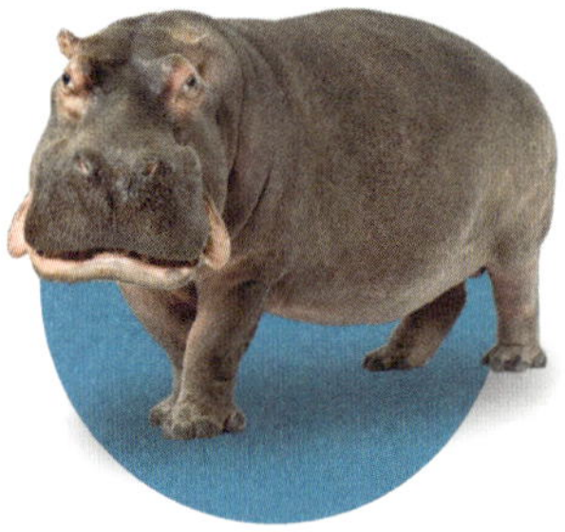

Flusspferde fressen jede Menge Gras. Die vielen Nährstoffe in ihrem Kot werden von Algen aufgenommen.

Riesentang
Diese Tangart kann mehr als 40 m hoch werden.

Algenblüte

Algen sind für den Planeten wichtig, aber zu viele Algen am falschen Ort können Schaden anrichten. Bei sogenannten Algenblüten bilden sich Gifte. Der Sauerstoffgehalt des Wassers sinkt und Pflanzen und Tiere sterben. Oft sind Dünger aus der Landwirtschaft die Ursache für eine Algenblüte.

Zu Algenblüten kommt es, wenn viele Nährstoffe ins Wasser gelangen. Dann wachsen die Algen viel zu schnell.

Diese Schneealge ruht, wenn es zu kalt ist. Wenn der Schnee zu schmelzen beginnt, erwacht sie zum Leben. Sie färbt ihn rosa, deshalb nennt man das Naturschauspiel auch Wassermelonen-Schnee.

Das hilft:

Es ist nicht einfach, Algenblüten zu verhindern, aber wir können verschiedene Dinge tun:

Wildfisch

Kot von Fischfarmen kann Algenblüten verursachen. Iss nur Fische aus nachhaltiger Fischerei oder Zucht.

Kein Dünger

In der Landwirtschaft kann weniger Dünger genutzt und der Boden anders verbessert werden.

Moose

Moose gehörten zu den ersten Pflanzen, die vor etwa 450 Millionen Jahren das Land besiedelten. Die einfach gebauten Pflänzchen bilden weder Blüten noch Samen. Und sie sind unglaublich wichtig: Sie stabilisieren den Boden, speichern Wasser, nehmen Kohlenstoffdioxid auf und schaffen Lebensräume für viele kleine Tiere.

Torfmoos

Torfmoose können etwa das 20-fache ihres Gewichts an Wasser aufnehmen. Sie wachsen in Mooren und bilden den Torf. Auch andere Moose speichern Regenwasser.

Rhizoide

Anders als die meisten Pflanzen haben Moose keine echten Wurzeln. Sie verankern sich mit wurzelähnlichen Organen, den Rhizoiden.

Nach einem Busch- oder Waldbrand gehören Moose zu den ersten Pflanzen, die sich wieder im Gebiet ansiedeln. Sie befestigen das Erdreich und verhindern so Sturzfluten.

Vögel, Eichhörnchen und andere Nagetiere polstern ihre Nester mit Moosen aus.

Die meisten Moose wachsen an feuchten Stellen, aber du findest sie auch in anderen Lebensräumen, z. B. im Hochgebirge oder in heißen, trockenen Wüsten.

Menschen verwenden seit Jahrhunderten Moose, um Kissen zu füllen, Häuser zu isolieren, Feuer zu entfachen und Wunden abzudecken.

Kohlenstoff

Wie alle Pflanzen nehmen Moose Kohlenstoffdioxid auf und geben Sauerstoff ab. Und sie brauchen nicht so viel Platz wie Bäume. Wenn wir Hauswände mit Moosen bepflanzen würden, könnten sie viel Kohlenstoff speichern.

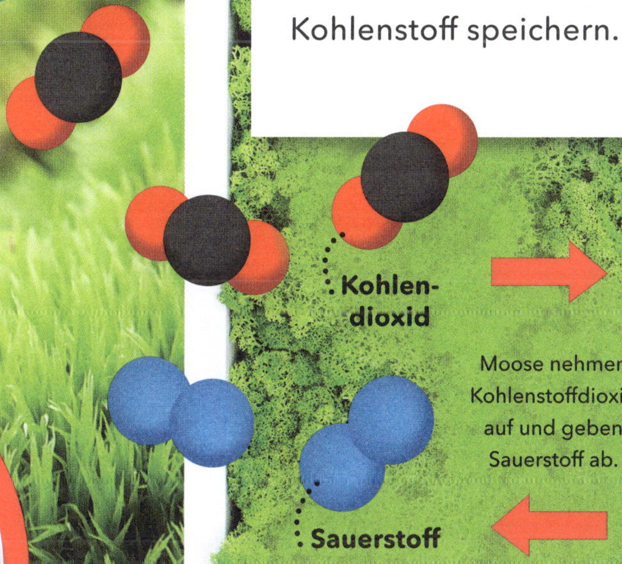

Es gibt etwa 16 000 verschiedene Moosarten.

Pilze

Pilze gibt es in vielen Formen und Größen, wie Waldpilze oder Schimmel auf altem Brot. Pilze sind weder Tiere noch Pflanzen. Was wir sehen, sind meistens nur die Fruchtkörper. Die feinen Pilzfäden bilden oft weitläufige Netze im Boden oder in totem Holz.

Wenn ein Pilz und eine Alge eine Gemeinschaft bilden, entsteht eine Flechte. Manche Flechten wachsen an sehr extremen Orten.

Forschende glauben, dass wir bisher nur etwa **5%** aller Pilze kennen. Wir müssen noch viel über diese ungewöhnlichen Lebewesen lernen.

Forschende schätzen, dass es 2 bis 4 Millionen verschiedene Pilzarten gibt, aber sicher wissen sie es nicht.

Größtes Lebewesen der Erde

Im Malheur National Forest in Oregon (USA) haben Forschende einen riesigen Hallimasch entdeckt. Sein unterirdisches Netz aus Pilzfäden breitet sich kilometerweit aus. Ein solcher Pilz kann Jahrtausende alt werden.

Etwa 95 % der Pflanzen, die im Erdboden verwurzelt sind, bilden mit einem Pilz eine Mykorrhiza genannte Gemeinschaft. Pilzfäden umwachsen die Wurzeln und Baum und Pilz tauschen Nährstoffe aus.

Ganz ähnlich wie Menschen Nutzpflanzen anbauen, bauen verschiedene Ameisen, Termiten und Ambrosia-Käfer Pilze an. Sie fressen die Pilzernte selbst oder verfüttern sie an ihre Larven.

Um Fliegen und andere Insekten anzulocken, die ihre Sporen transportieren sollen, verströmt die Stinkmorchel üblen Aasgeruch.

Ambrosiakäfer

Termite

Blattschneiderameise

Boden

Der Erdboden sieht nicht besonders aufregend aus, aber er ist sehr wichtig. Gute Böden sind oft braun, weich und krümelig, aber es gibt auch sandige und schlammige Böden. Die meisten Pflanzen sind im Boden verwurzelt und ein Viertel aller Lebewesen kommt im Boden vor.

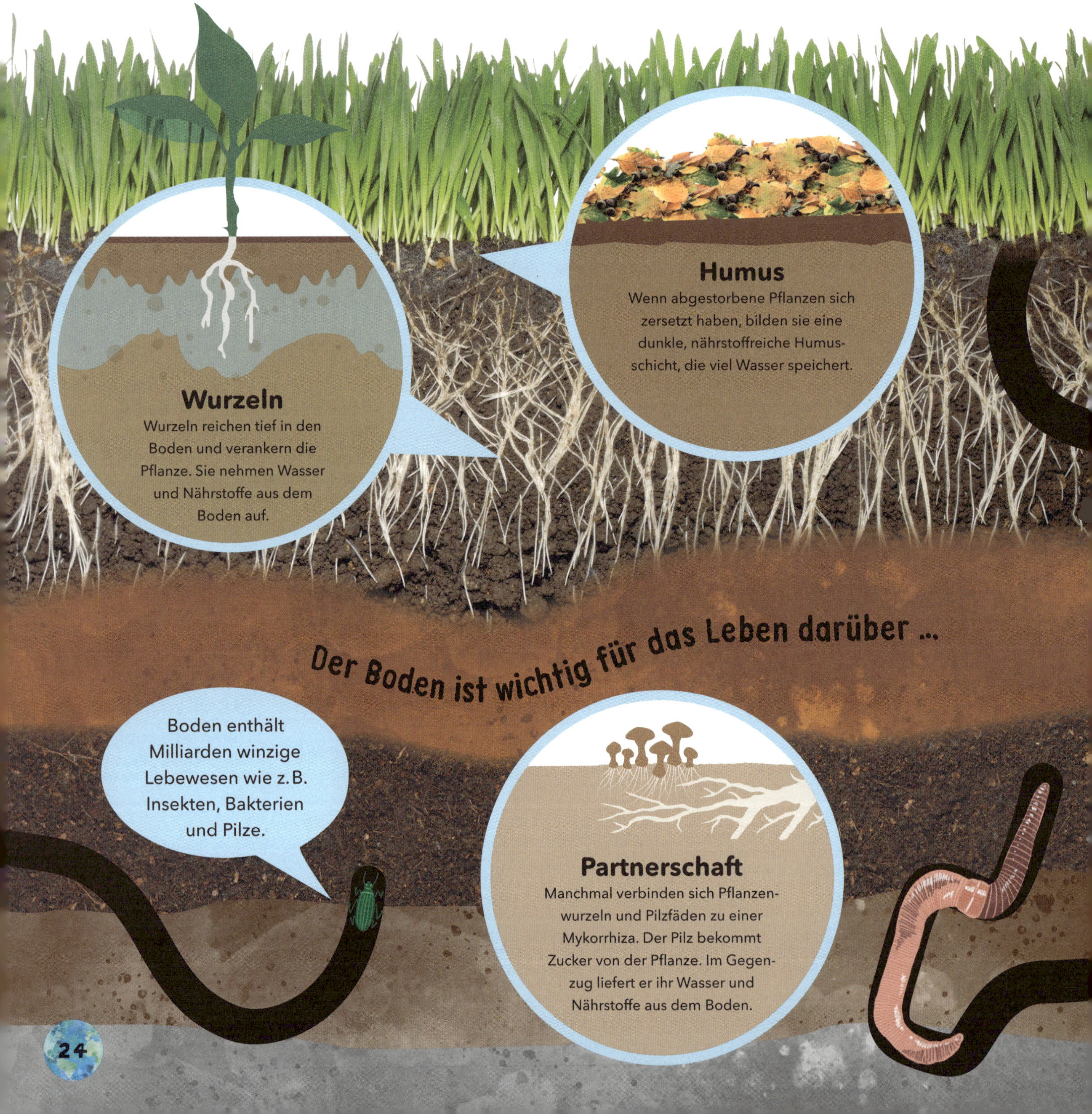

Das Problem:

Ohne stabilisierende Pflanzenwurzeln wird der Boden fortgespült oder vom Wind verweht.

Es kann zu einem Erdrutsch kommen.

Abgetragener Boden lagert sich im Flussbett ab.

Wenn kaum Boden vorhanden ist, wachsen die Pflanzen schlecht.

Das hilft:

Auch wir können etwas für den Boden tun:

Herabgefallenes Laub ist wichtig für den Boden. Bitte deine Eltern, es im Garten liegen zu lassen.

Bepflanze kahle Stellen, sodass der Boden stabilisiert wird und sich wieder erholt.

Auflockerung

Regenwürmer, Tausendfüßer und andere Krabbeltiere wuhlen sich durch den Boden. In ihre Gänge dringen Luft und Wasser ein.

und in ihm sind Millionen Lebewesen zu Hause.

Wurmkot

Die Kothaufen der Regenwürmer enthalten jede Menge Nährstoffe für die Pflanzen.

Käferlarven

Viele Käferlarven verbringen mehrere Jahre im Erdboden, bevor sie sich in Käfer verwandeln.

Bestäubung

Etwa 80 Prozent der Blütenpflanzen werden von Tieren bestäubt. Insekten, Vögel, Reptilien und Säugetiere transportieren ihren Pollen. Tagsüber kann man Insekten an den Blüten beobachten und auch in der Nacht sind Bestäuber unterwegs.

Was ist Bestäubung?

Damit eine Pflanze Samen bilden kann, müssen die Pollenkörner von den männlichen Blütenteilen (Staubbeuteln) zu den weiblichen (Narben) einer anderen Blüte gelangen. Der Pollen wird vom Wind oder von Tieren transportiert.

Holzbiene
Die meisten Bienen sind tagaktiv, aber einige Arten wie diese Holzbiene besuchen Blüten in der Nacht.

Nur mit einem extrem langen Rüssel kann der Schwärmer den Nektar in der Orchidee erreichen.

Der Saugrüssel ist bis zu 28 cm lang.

Schwärmer
Dieser Nachtfalter hat einen unglaublich langen Saugrüssel. Mit ihm gelangt er zum Nektar tief in der röhrenförmigen Blüte. Das schafft außer ihm kein anderes Insekt.

Agavenblüte

Langnasenfledermaus
Viele Agaven und Kakteen sind auf mexikanische Langnasenfledermäuse angewiesen, die ihre Blüten bestäuben und später auch die Samen verbreiten. In einigen Gegenden erntet man die Agaven aber leider, bevor sich ihre Blüten öffnen.

Straßenlampen sind für viele nachtaktive Insekten verwirrend und tödlich.

Larvenroller
Wenn ein asiatischer Larvenroller seine Schnauze in eine Juckbohnen-Blüte steckt, wird der Pollen explosionsartig ausgeschleudert. Die Schleichkatze trägt ihn im Fell zur nächsten Blüte.

Süßer Duft

Blüten, die sich tagsüber öffnen, locken ihre Bestäuber mit bunten Farben an. In der Nacht nützt es wenig, bunt zu sein. Blüten, die sich nachts öffnen, verströmen deshalb betörende Düfte.

Prunkwinde
Die Prunkwinde öffnet ihre Blüten nach Sonnenuntergang. Mit ihrem süßen Duft lockt sie Nachtfalter und Fledermäuse an, damit sie ihren Pollen verbreiten.

Was können wir tun?

So können Menschen dazu beitragen, dass die Pflanzen bestäubt werden:

Pflanzen sollten erst nach der Blüte und Samenbildung geernet werden.

Geißblatt oder Jasmin anpflanzen, die nachts ihre Blüten öffnen.

Weniger starke nächtliche Beleuchtung vermindert Lichtverschmutzung.

Samenverbreitung

Jeder Samen ist ein Wunderpäckchen, das all das enthält, was die junge Pflanze braucht. Wenn er aber direkt unter die Elternpflanze fällt, haben die Jungpflanzen zu wenig Platz. Deshalb hat jede Pflanzenart ihre eigene Verbreitungsstrategie.

Wind

Schon eine sanfte Windböe genügt, um die Samen des Löwenzahns, die an zarten Schirmchen hängen, weit fortzutragen.

Wassertransport

Einige Samen schwimmen im Wasser. Kokosnüsse treiben manchmal Tausende Meilen übers Meer. Die Samen im Inneren keimen dann an weit entfernten Stränden.

Leckere Früchte

Tiere fressen Früchte, die Samen enthalten, und tragen sie im Körper zu anderen Orten. Dort gelangen sie mit dem Kot wieder zum Vorschein – in einer Portion Dünger!

Ein raffinierter Trick

Die Samen von *Ceratocaryum argenteum*, einer afrikanischen grasähnlichen Pflanze, sehen aus wie die Kotkügelchen der Kuhantilopen und müffeln auch so. Deshalb werden Mistkäfer angelockt, die die Kugeln fortrollen und im Erdboden vergraben.

Explosionsfrüchte

Die Fruchtkapseln des Sandbüchsenbaums explodieren, wenn sie reif sind. Die Samen werden dabei mit bis zu 240 km/h fortgeschleudert.

Kletten

Klettenfrüchte heften sich mit Häkchen in das Fell vorbeistreifender Tiere. Die Samen im Inneren gelangen so an entfernte Orte, wo sie keimen können.

Nahrhafte Anhängsel

An bestimmten Samen befinden sich nahrhafte Anhängsel. Ameisen transportieren sie deshalb in ihr Nest. Dort fressen sie das Anhängsel und bringen den Samen dann in eine spezielle Abfallkammer. Ein perfekter unterirdischer Ort, um zu keimen!

Das Problem:

All diese Pflanzen haben geniale Tricks entwickelt, aber wir machen es ihnen oft schwer, sich auszubreiten.

Beton und Asphalt verhindern, dass junge Pflanzen heranwachsen.

Wenn es weniger Wildtiere gibt, bedeutet das auch, dass weniger Samen transportiert werden.

Das hilft:

Du kannst dazu beitragen, dass neue Pflanzen heranwachsen.

Bitte die Erwachsenen, keine Pflanzenvernichtungsmittel zu verwenden.

Bitte die Erwachsenen, keine Grünflächen zu zerstören.

Artenvielfalt

Auf der Erde gibt es unzählige Pflanzen- und Tierarten. Jedes einzelne Lebewesen ist wichtig und trägt dazu bei, dass die Natur im Gleichgewicht bleibt.

Veränderte Natur

Oft vergessen wir, dass wir auf die Pflanzen und Tiere angewiesen sind, und fügen ihnen Schaden zu. Früher gab es auf der Erde viel mehr unberührte Natur. Inzwischen haben Menschen fast jede Region besiedelt und die Natur immer weiter zurückgedrängt.

Wenn man alle **Säugetiere** der Erde **wiegen** würde ...

... wären nur **4%** Wildtiere, ...

... **36%** wären Menschen ...

Alle Insekten, Spinnen und Krebstiere zusammengenommen sind etwa **17-mal so schwer** wie alle Menschen, die auf der Erde leben.

Pfauenspinner-Raupe

Pfauenspinne

Rote Vampirkrabbe

Picasso-Wanze

Vögel

Nicht mal ein Drittel aller Vögel der Erde sind Wildvögel. Die meisten Vögel leben auf Geflügelfarmen.

... und **60%** wären Nutztiere.

30% der Vögel leben in freier Natur.

70% der Vögel, wie die Haushühner, sind keine Wildvögel.

Einzigartig

In einigen Regionen haben sich besonders außergewöhnliche Tierarten entwickelt wie z. B. auf der Insel Madagaskar vor der Küste Afrikas.

Aye-Aye
Dieser Lemur hat extrem lange Mittelfinger. Mit ihnen angelt er Insektenlarven aus Löchern in der Baumrinde.

Katta
Die hübschen Lemuren schwenken ihre gestreiften Schwänze wie Flaggen. Mit diesen Signalen halten sie die Gruppe zusammen.

Tomatenfrosch
Der leuchtend rote Frosch sondert über die Haut ein Gift ab, wenn er sich bedroht fühlt.

Giraffenhalskäfer
Giraffenhalskäfer-Männchen kämpfen mit ihren langen Hälsen miteinander.

Lebens-zyklen

Jedes Tier und jede Pflanze hat einen bestimmten Lebenszyklus: Das Leben beginnt, das Lebewesen wächst, vermehrt sich und stirbt irgendwann. Einige Arten werden im Laufe des Lebens einfach immer größer. Bei anderen verwandelt sich der Körper auf spektakuläre Weise.

1 Froschlaich

Die Eier von Fröschen bilden geleeartige Klumpen. Sie müssen feucht bleiben und werden deshalb meistens in Teichen oder Seen abgelegt.

2 Kaulquappe

Nach ein paar Wochen schlüpfen Kaulquappen. Sie sehen noch gar nicht aus wie Frösche: Sie haben keine Beine, aber einen langen Ruderschwanz, mit dem sie sich durchs Wasser fortbewegen.

Kaulquappen leben im Wasser unt atmen mit Kiemen.

3 Die Kaulquappe wächst

Kaulquappen fressen Algen und abgestorbene Pflanzenteile. Sie werden immer größer. Schließlich wachsen ihnen Hinterbeine.

Wenn der Körper eines Tieres sich im Laufe seines Lebens völlig umwandelt, nennt man das vollständige Metamorphose.

Frösche gehören zu den Amphibien. Sie leben sowohl an Land als auch im Wasser. Molche, Salamander und Kröten sind ebenfalls Amphibien.

6 Paarungszeit

Frösche pflanzen sich im Alter von zwei bis drei Jahren fort. Im Frühjahr ist Paarungszeit. Der Froschlaich wird abgelegt und der Lebenszyklus beginnt von vorn.

Paarung

Frösche und Kröten kehren oft zum Gewässer zurück, in dem sie aus dem Ei geschlüpft sind, um sich selbst zu vermehren. Manchmal müssen sie dabei Straßen überqueren.

Zur Zeit der Frosch- und Krötenwanderungen stellen Naturschützerinnen und -schützer oft Amphibienzäune auf, damit die Tiere sicher über die Straße kommen.

5 Frosch

Wenn der Frosch ausgewachsen ist, verbringt er sein Leben an Land und im Wasser. Frösche fangen wirbellose Tiere wie Fliegen und Schnecken.

Allmählich bildet sich der Schwanz des Fröschchens zurück.

4 Fröschchen

Nun hat das Fröschchen auch Vorderbeine und statt Kiemen Lungen ausgebildet. Es kann das Wasser verlassen und lebt nun meistens an Land.

Insekten

Insekten sind zwar klein, aber für unseren Planeten spielen sie eine sehr wichtige Rolle. Deshalb müssen wir sie unbedingt schützen.

Nahrung

Vögel, Reptilien, Amphibien, kleine Säugetiere und Fische fressen unzählige Insekten und andere wirbellose Tiere.

Müllabfuhr

Viele Insekten sind nicht wählerisch bei ihrer Nahrung. Manche fressen Dinge, die wir absolut eklig finden, wie Kot, tote Tiere und abgestorbene Pflanzenteile.

Das Problem:

Weltweit werden die Insekten immer seltener, weil sie keine Lebensräume mehr finden.

Insektenvernichtungsmittel töten alle Insekten, auch die, die nützlich für Pflanzen sind.

In vielen Städten gibt es zu wenige Parks und Gärten, in denen wirbellose Tiere leben könnten.

Nahrungspflanzen von Insekten werden beseitigt, um Platz für anderes zu schaffen.

Wegen des Klimawandels schlüpfen manche Insekten zu früh oder zu spät im Jahr.

Etwa 30 % unserer Nutzpflanzen werden von Bienen und Hummeln bestäubt.

In vielen Ländern essen Menschen gern Insekten, denn sie enthalten viel Eiweiß und sind gesund. Man darf natürlich keine Insektenarten essen, die selten oder gefährdet sind.

Wichtig für den Boden

Wenn der Boden zu sehr verdichtet wird, können Wasser und Luft nicht zu den Pflanzenwurzeln gelangen. Ameisen und andere Insekten graben Gänge und lockern den Boden dadurch auf.

Bestäubung

Bienen, Wespen, Käfer und Tag- und Nachtfalter bestäuben die Blüten. Ohne sie könnte sich auch unser Obst und Gemüse nicht entwickeln.

Nützlinge

Einige Insekten erbeuten wirbellose Tiere, die an unseren Nutzpflanzen Schaden anrichten. Daher nennt man sie Nützlinge. Marienkäfer und ihre Larven fressen z. B. jede Menge Blattläuse.

Das hilft:

Insekten vermehren sich sehr schnell. Gute Veränderungen wirken also schon bald.

Baue ein Insektenhotel im Garten oder auf dem Balkon.

Insektenfreundliche Pflanzen tragen Blüten, die viel Nektar bilden.

Eine unordentliche Ecke mit Wildkräutern ist ein Paradies für Insekten und viele andere Tiere.

Lege nie Schneckenkorn aus. Es ist giftig für Insekten und andere Tiere.

Baumeister

Biber sind großartige Baumeister. Sie können sogar dicke Bäume fällen und bauen mit den Stämmen und Ästen ihre Biberburgen. Die Biberdämme, die diese großen Nagetiere anlegen, verhindern Überschwemmungen und schaffen neue Lebensräume für viele andere Tiere.

Fabelhafte Bauwerke

Biber verändern ihren Lebensraum stark. Ihre Dämme sind faszinierende Konstruktionen aus Ästen, Baumstämmen und Schlamm. Sie verändern den Lauf des Bachs oder Flusses, den sie anstauen. Schlamm und Kies bleiben am Damm hängen.

Dammbau

Biberdämme stauen das Wasser, sodass der Bach oder Fluss hinter dem Damm langsamer fließt.

Eisen härtet den Zahnschmelz und färbt ihn orange!

Mit seinem abgeflachten Schwanz und den Schwimmhäuten zwischen den Zehen ist der Biber ein prima Schwimmer.

Sie sind wieder da!

In vielen Regionen waren Biber lange Zeit verschwunden. Naturschützer und Naturschützerinnen siedelten die großen Nagetiere vor einiger Zeit wieder an und sie breiten sich inzwischen in vielen Gegenden aus. Das ist sehr gut für die Natur.

Biber und Menschen

Früher jagte man die Biber, um ihren Pelz und das Fleisch zu verwerten. Später bereitete ihnen die Zerstörung oder Veränderung ihrer Lebensräume Probleme. Zum Glück begreifen wir allmählich, wie wichtig Biber für uns sind, und behandeln sie besser.

Biber können sehr gut schwimmen und bis zu 15 Minuten lang tauchen.

Der Lauf des Gewässers kann sich verändern und Steine und Sand lagern sich ab.

Im langsamer fließenden Wasser können die Biber größere, stabilere Dämme bauen.

Wo sich Biber angesiedelt haben, bildet sich im Laufe der Zeit ein wertvolles Feuchtgebiet.

In der Stadt

In unseren Städten leben viele Tiere. Einige von ihnen wurden aus ihren natürlichen Lebensräumen verdrängt oder von unseren Abfällen angelockt. In der Stadt ist es außerdem wärmer und es gibt einige gute Verstecke.

Schmetterlinge

In den Häusern

Egal, ob du in einer Großstadt oder auf dem Land wohnst, ganz sicher gibt es Tiere. Diese Arten kommen z. B. in Städten vor:

Zwergfledermaus

Tokeh-Gecko

Trichternetz-spinne

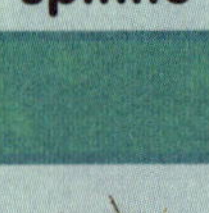

Marienkäfer

Mauersegler
Diese Vögel nisten in Mauerspalten.

Javaneraffen
Viele Tiere, die in Städten leben, sind scheu und meiden Menschen. Javaneraffen jedoch sind mutig und schlau und klauen den Leuten das Essen aus der Hand.

Silber-möwe

Tüpfel-hyäne

Schwarz-bär

Waschbär

Waschbären fressen fast alles. Auf der Suche nach Essens-resten durchwühlen sie Mülltonnen.

Nasenbär

Unsere Abfälle

Verschiedene Tiere ernähren sich von Essensresten.

Schaben

In der Nacht

Während du nachts gemütlich im Bett liegst, ist in der Stadt tierisch was los!

Wasseragame
Diese Reptilien sind häufig in der Stadt Sydney in Australien zu sehen.

Reptilien

Schlangen und Echsen kannst du in manchen Ländern auch in Städten beobachten. Dann wärmen sie sich auf Pflastersteinen und Mauern auf, andere leben in der Kanalisation.

Unsere Nachbarn

Obwohl in Städten weniger Tierarten vorkommen als in natürlichen Lebensräumen, gibt es viele Möglichkeiten, Städte tierfreundlicher zu gestalten.

In Singapur waren die Orienthornvögel fast völlig verschwunden, denn sie fanden keine Nistplätze. Inzwischen hat man in der Stadt Nistkästen für die auffälligen Vögel angebracht.

Wenn unten am Zaun kleine Durchschlupfe vorhanden sind, können Igel durch die Gärten und Höfe wandern.

Wenn ihr einen Teich im Garten oder Hof anlegt, werden viele Tiere angelockt. Auch ein kleiner Teich ist wertvoll.

Wiederverwertung

In der Natur geht nichts verloren. Alles, was Tiere und Pflanzen erzeugen, wird von anderen Lebewesen wiederverwertet. Sie halten den Planeten sauber und sorgen dafür, dass wertvolle Nährstoffe wieder freigesetzt werden.

Abfälle enthalten viele Nährstoffe

Es ist eine wichtige und große Aufgabe, die Erde sauber zu halten. Alle Lebewesen, die Abfälle wiederverwerten, spielen dabei eine wichtige Rolle.

Alle Tiere hinterlassen Kot, und wenn niemand ihn beseitigen würde, würden wir bald im Mist versinken. Zum Glück ernähren sich bestimmte Arten wie **Käferlarven** und **Fliegenmaden** von den Nährstoffen im Kot.

Aasfresser sind nicht wählerisch und fressen fast alles Fleisch, das sie finden können. Wenn ein Tier stirbt, wird sein Körper von ihnen beseitigt. Viele Krabben sind Aasfresser, die das Meerwasser sauber halten.

Lebewesen, die tote Pflanzen und Tiere beseitigen, nennt man auch **Detrivoren**. Unter ihnen sind viele verschiedene Würmer, Tausendfüßer, Asseln, Schmeiß- und Dungfliegen, Seegurken und Schnecken.

Was für ein Duft!

Einige Pflanzen und Pilze ahmen den Geruch von Aas (verwesendem Fleisch) nach. Der Gestank lockt Insekten an, die die Blüten bestäuben oder die Sporen verbreiten.

Die Titanenwurz riecht nach Aas. Es dauert bis zu neun Jahre, bis sie blüht.

Das Problem:

Viele Materialien zersetzen sich nicht auf natürliche Weise. Sie verschmutzen den Boden, das Wasser und die Luft.

Das hilft:

Verwende möglichst nur Dinge aus Materialien, die sich später wieder in natürliche Bestandteile zersetzen.

Wanderungen

Während einige Tiere ihr ganzes Leben in derselben Region verbringen, legen andere weite Strecken zurück. Sie wandern, weil sie anderswo mehr Nahrung finden oder ihre Jungen besser großziehen können.

Die große Wanderung

Viele Tiere ziehen in Schwärmen oder Herden umher. Die Herden der Gnus sind besonders groß. Jedes Jahr durchqueren etwa eine Million dieser Antilopen die afrikanische Savanne zwischen Kenia und Tansania, weil die Tiere den Regenfällen folgen. Oft begleiten Zebras und Gazellen die Herden der Gnus.

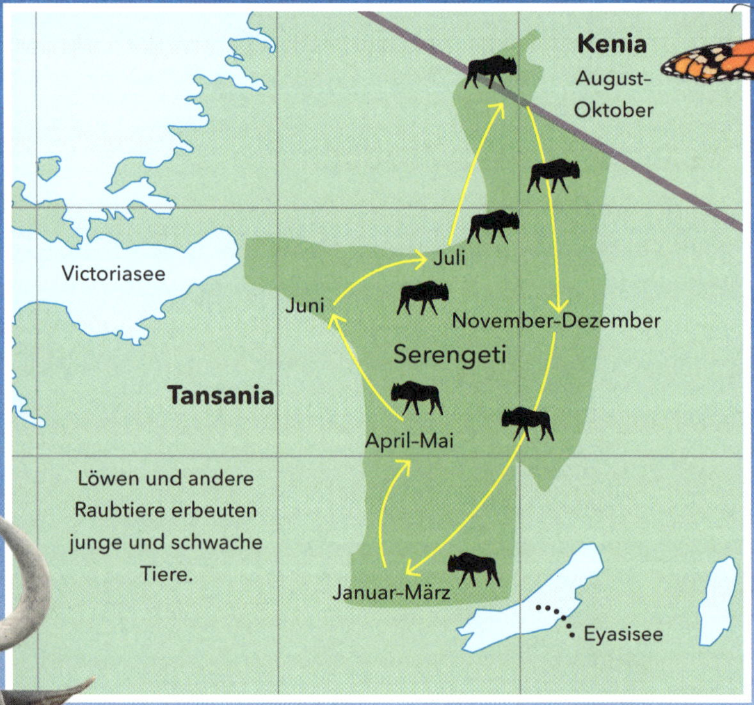

Diese Wanderung ist die längste Tierwanderung an Land.

Zum Beginn der Wanderung werden etwa eine halbe Million Gnu-Kälber geboren. Bereits kurz nach der Geburt können sie laufen, denn sie müssen mit der Herde ziehen.

Weihnachtsinsel-Krabben

Auf der Weihnachtsinsel im Indischen Ozean kommen jedes Jahr Millionen Krabben aus dem Wald. Sie wandern zum Meer, um ihre Eier abzulegen. Es sieht aus, als würde jemand einen roten Teppich ausrollen.

Monarchfalter

In jedem Frühjahr fliegen Monarchfalter von ihren Sommergebieten im Norden der USA und Kanada etwa 4000 km weit in ihre Winterlebensräume nach Kalifornien und Mexiko. Sie orientieren sich mit einem inneren Kompass.

Evolution

Die Welt verändert sich ständig und das bedeutet, dass sich auch die Lebewesen immerzu verändern müssen. Viele Tierarten passen sich an die Veränderungen an, die wir Menschen schaffen.

Ein Unterschied in einem Gen bewirkt die Farbänderung des Birkenspanners.

Birkenspanner

Helle Birkenspanner sind auf Birkenrinde gut getarnt. Entwickelt sich ein dunkler Falter, wird er wahrscheinlich von einem Vogel gefressen, bevor er seine Farbe an seine Nachkommen vererben kann. Während der industriellen Revolution färbte der Rauch aus den Fabrikschloten die Baumrinde dunkel. Helle Falter fielen auf und wurden gefressen. Die dunklen vermehrten sich.

Saubere Luft

Wenn wir fossile Kraftstoffe wie Kohle oder Erdöl verbrennen, gelangen viele Schadstoffe in die Luft. Diese winzigen Teilchen sind für Menschen und Tiere gefährlich, wenn sie eingeatmet werden. Es ist deshalb besser für die Umwelt, mit dem Fahrrad statt mit dem Auto zu fahren.

Je sauberer die Luft ist, desto mehr helle Falter gibt es.

Im Laufe der Zeit kommen die Merkmale, die Vorteile bieten, häufiger vor. Die Art hat sich durch Evolution verändert.

Evolution

Charles Darwin war ein Naturforscher des 19. Jahrhunderts. Er bemerkte, dass sich die einzelnen Tiere einer Art voneinander unterscheiden. Er vermutete, dass bestimmte Merkmale einen Überlebensvorteil verschaffen. Tiere mit unvorteilhaften Merkmalen würden aussterben. Das nannte er „Evolution durch natürliche Auslese".

Aussterben

Neue Tierarten entwickeln sich und gleichzeitig sterben andere Arten aus. Dieser natürliche Vorgang ist ein Teil der Evolution. In der Erdgeschichte gab es mehrere Abschnitte, in denen in kurzer Zeit sehr viele Tierarten ausstarben. Man nennt solche Ereignisse Massenaussterben.

Jede Art ist wichtig

Die Pflanzen, Tiere und alle anderen Lebewesen bilden komplizierte Lebensgemeinschaften miteinander. Deshalb spielt jedes Lebewesen eine wichtige Rolle in den Ökosystemen. Wenn wir gefährdete Arten schützen, schützen wir gleichzeitig die Ökosysteme.

Gerettet!

Viele Kondore fraßen Bleimunition in den Kadavern großer Tiere und wurden vergiftet.

Buckelwal

Weil man ihren Speck, das Fleisch und die Barten verwerten wollte, jagte man so viele Buckelwale, dass sie um 1960 fast ausgestorben waren. 1986 wurde der Walfang verboten und der Bestand der Wale erholte sich. Heute gibt es zum Glück wieder viele Buckelwale.

Kalifornischer Kondor

Weil sie vergiftet und abgeschossen wurden und ihre Lebensräume zerstört waren, gab es 1982 nur noch 22 Kalifornische Kondore. Artenschützer züchteten die Vögel nach. Heute gibt es wieder etwa 300 Kondore.

Seit 1993 retteten Artenschutzprojekte etwa 40 gefährdete Säugetier- und Vogelarten.

Blauer Leguan

Diese große Echse lebt auf den Kaimaninseln in der Karibik. Sie kann älter als 60 Jahre werden. 2001 gab es in der Natur nur noch ungefähr 30 Tiere, aber dank spezieller Schutzprogramme sind es inzwischen wieder mehr als tausend.

Wiederentdeckt

Israelischer Scheibenzüngler

2011 fand ein Park-Ranger diesen Frosch in einem Sumpf. Man hatte geglaubt, dass die Art ausgestorben sei.

Baumhummer

Die riesigen Insekten galten seit 1918 als ausgestorben, denn gefräßige Ratten waren mit Schiffen auf die Lord-Howe-Insel gelangt. 2001 entdeckte man eine kleine Anzahl an Tieren, die überlebt hatte.

Ozeane und Meere

In den Ozeanen und Meeren leben Huntertausende verschiedene Tierarten. Also jede Menge hungrige Mäuler zu stopfen! Die Lebewesen bilden komplizierte Nahrungsnetze und jede Pflanze und jedes Tier spielt dabei eine wichtige Rolle.

4 Die größten Räuber

Die meisten Räuber an der Spitze der Nahrungskette sind schnell und groß.

3 Sekundärkonsumenten

Viele dieser Tiere ernähren sich von Zooplankton. Die meisten sind kleinere Fische, die von größeren erbeutet werden.

Sardinen

Dugong

2 Pflanzenfresser

Diese Tiere ernähren sich von Pflanzen und Algen. Dazu gehören die Tiere des Zooplanktons und andere Wirbellose.

Seeigel

1 Produzenten

Zu diesen Lebewesen gehören sowohl winzige wie auch riesige Algen und Seegräser. Sie stellen mithilfe des Sonnenlichts ihre eigenen Nährstoffe und Baustoffe her.

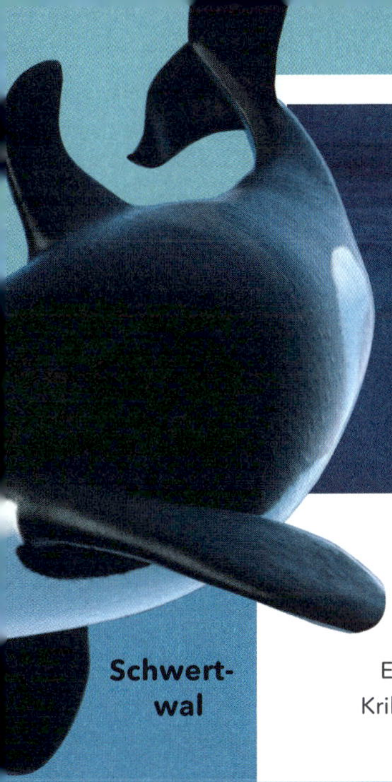

Schwert-wal

Blauwale sind die größten Tiere, die es jemals auf der Erde gab. Trotzdem ernähren sie sich vor allem von winzigen Krillkrebsen. Ein Blauwal frisst jeden Tag bis zu vier Tonnen Krill, etwa so viel, wie sechs Kühe wiegen.

Meeresschildkröte

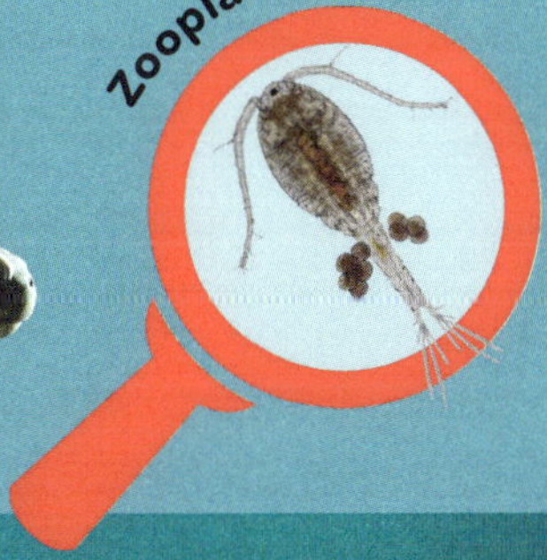

Zooplankton

Plankton

Planktonlebewesen sind sehr klein und treiben mit den Meeresströmungen. Zu ihnen gehören Algen, die man als Phytoplankton bezeichnet. Die Tiere nennt man Zooplankton. Es sind Krillkrebse und die Larven von Krebstieren, Muscheln, Meeresschnecken und Fischen.

Das Problem:

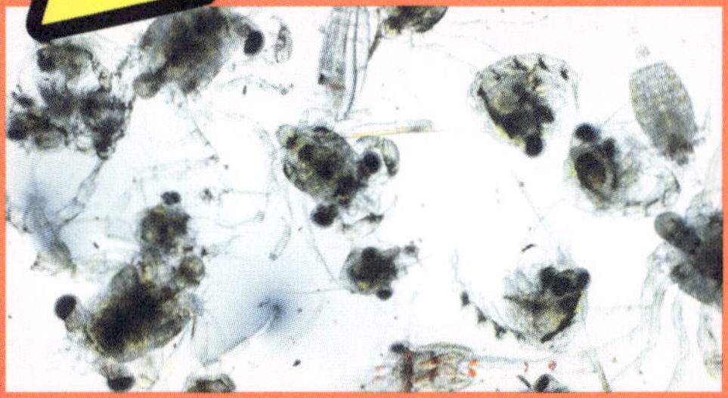

Unser Abwasser landet oft im Meer. Zuerst fressen Planktonlebewesen die giftigen Chemikalien. Letztendlich gelangen sie in die Körper der Räuber an der Spitze der Nahrungsnetze.

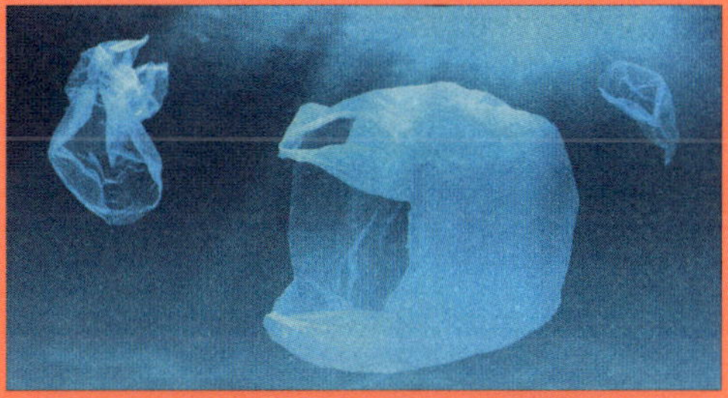

Bereits überall in den Meeren ist unser Plastikmüll gelandet, sogar in den Gräben am Grund der Tiefsee.

Wenn wir zu viele große Fische fangen, um sie zu essen, können sich die Fischarten nicht mehr ausreichend vermehren. Für die Räuber an den Spitzen der Nahrungsnetze bleibt kein Futter mehr.

Das hilft:

Wenn du weniger Plastik kaufst und wegwirfst, gelangt weniger Plastikmüll ins Meer.

Achte darauf, dass du nur Fisch isst, der aus nachhaltiger Fischerei stammt.

Korallenriffe

Ähnlich wie die Regenwälder an Land sind Korallenriffe sehr artenreiche Lebensräume. Obwohl sie weniger als 0,1 Prozent des Meeresgrunds bedecken, bieten sie ungefähr einem Viertel aller Meerestiere Rückzugsorte.

Papageifisch

Warum brauchen wir sie?

In und an einem Korallenriff leben Tausende verschiedener Arten. Die Riffe befestigen den Meeresgrund und schützen die Küste vor starken Wellen, indem sie die Energie der Wellen aufnehmen und verteilen. Sie dienen als schützende Puffer zwischen dem offenen Meer und dem Land.

In Korallenriffen leben mehr als 4000 Fischarten …

… 700 Korallenarten …

… und unzählige andere Lebewesen.

Die Wissenschaft schätzt, dass mehr als

1 Million Arten

mit dem Ökosystem Korallenriff in Verbindung stehen.

Riffe in Gefahr

Korallen und Algen sind aufeinander angewiesen. Wenn es zu warm und zu hell wird oder zu viele Schadstoffe im Wasser sind, geraten sie in Stress. Die Korallen stoßen die bunten Algen aus, die in ihrem Körper leben. Sie bleichen aus und sterben oft ab. Die Hälfte der Riffe ist bereits geschädigt. Mit den Riffen würde ein Viertel der Meeresarten aussterben.

Regenwälder

In den Regenwäldern der Erde leben mehr als drei Millionen Tier- und Pflanzenarten. Die Tiere finden im Wald Nahrung, Nistplätze und Verstecke und die Pflanzen des Regenwaldes sind auf die Tiere angewiesen.

Hilfe, Feuer!

Wenn es sehr warm ist, kommt es häufig zu Waldbränden. Weil sich das Klima verändert und wir viele Wälder roden, sind die Brände aber inzwischen viel verheerender.

Etwa 6 Prozent des Festlandes sind von tropischen Regenwäldern bedeckt. In diesen Wäldern leben mehr als die Hälfte der Landpflanzen und Tiere der Erde.

Pekaris

Diese Schweine suhlen sich gern im kühlen Schlamm. Sie wühlen Gruben in den Erdboden, die sich mit Regenwasser füllen. Fische, Frösche, Libellen und Schlangen werden angelockt.

Afrikanische Waldelefanten

Waldelefanten trampeln junge Pflanzen nieder und reißen Sträucher und kleine Bäume aus. Der Unterwuchs lichtet sich. Große Bäume können dann noch höher wachsen und gewaltige Mengen Kohlenstoff aus der Atmosphäre aufnehmen.

Das Problem:

Die Regenwälder mit all ihren Pflanzen und Tieren sind bedroht.

Wilderer töten Tiere, um z. B. ihr Elfenbein zu verkaufen, oder nehmen ihnen die Jungen weg.

Es werden zu viele Bäume gerodet und die Wälder schrumpfen.

Durch den Abbau von Rohstoffen werden große Waldgebiete zerstört.

Wenn mehr Menschen in den Wäldern leben, werden scheue Tierarten gestört.

Leierschwanz

Leierschwänze scharren bei der Futtersuche im Waldboden. Dabei wird die obere Bodenschicht durchmischt. Wirbellose Tiere wie Würmer und Nährstoffe gelangen so in tiefere Schichten des Bodes.

Brettwurzeln

In den tropischen Regenwäldern enthält die oberste Bodenschicht die meisten Nährstoffe. Die Wurzeln vieler Regenwaldbäume reichen daher nicht tief in den Boden. Sie haben stattdessen hohe, breite Brettwurzeln, mit denen sie in den flachen oberen Bodenschichten standfester sind.

Helmkasuar

Kasuare fressen gern Früchte. Wenn sie diese verdaut haben, gelangen die Samen mit ihrem Kot wieder zum Vorschein und können keimen. Man weiß, dass diese Vögel die Samen von mehr als 200 verschiedenen Pflanzenarten verbreiten.

Blattschneiderameise

Obwohl sie so klein sind, beeinflussen Blattschneiderameisen ihre Umgebung enorm. Weil sie Blätter aus den Baumkronen abtransportieren, gelangt mehr Licht auf den Boden, sodass junge Pflanzen besser wachsen können.

Das hilft:

Wenn du etwas Neues brauchst, dann überlege, wie es hergestellt wurde und welchen Einfluss die Herstellung auf die Umwelt hat.

Denk nach, bevor du etwas kaufst. Damit trägst du zum Schutz der Wälder bei. Am besten ist es, ganz einfach weniger zu kaufen.

FSC

Wenn du etwas aus Holz kaufst wie Möbel oder Papier, dann achte auf das FSC-Siegel.

Es ist umweltfreundlicher, in Second-Hand-Läden einzukaufen.

Kaufe Recycling-Papier, das z.B. das Blaue-Engel-Siegel trägt.

Gebirge

Überall auf der Erde gibt es Gebirge, sogar am Grund der Meere. Im Hochgebirge herrschen extreme Bedingungen. Die Pflanzen und Tiere, die dort leben, sind sehr gut an ihre Umgebung angepasst.

Weil die Pflanzen und Tiere an die Kälte und den Wind im Gebirge angepasst sind, reagieren sie empfindlich auf den Klimawandel.

Schneeleopard

Sie sind scheu und so gut getarnt, dass man sie fast nie sieht. Schneeleoparden sind bestens an ihren Lebensraum im felsigen und eiskalten Hochgebirge angepasst. Die Einzelgänger jagen vor allem Steinböcke und Wildschafe, die sie mit erstaunlichem Geschick verfolgen.

Bergviscacha

Obwohl sie wie Hasen aussehen, sind diese Nagetiere näher mit den Chinchillas verwandt. Sie springen geschickt von Fels zu Fels und das dichte, weiche Fell wärmt ihren Körper. Man nennt sie auch Hasenmäuse.

Das Problem:

Wegen des Klimawandels verlieren viele Tiere und Pflanzen der Hochgebirge ihre Lebensräume. Andere sind bedroht, weil sehr viele Touristinnen und Touristen im Gebirge unterwegs sind.

Jeder Bergsteiger, der den Gipfel des Mount Everest erreicht, lässt etwa 8 kg Abfall zurück.

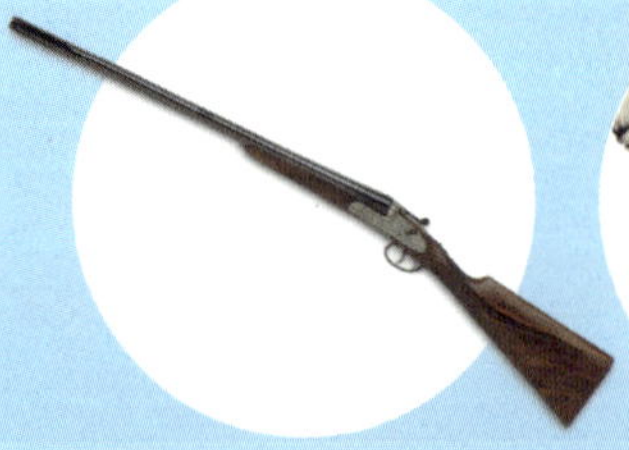

Viele Tiere der Gebirge, wie Gämsen und Bergziegen, werden von Menschen getötet.

Wenn ihre Lebensräume zerstört sind, können Gebirgstiere kaum anderswo überleben.

Hummeln

Sogar in 5000 Meter Höhe kann man bestimmte Hummelarten fliegen sehen. Noch höher können sie nicht mehr leben, denn dort gibt es keine Pflanzen mehr, deren zuckerhaltigen Nektar sie trinken können.

Kea

Diese seltenen Papageien kommen in den Gebirgen auf den Inseln Neuseelands vor. Vor Menschen haben sie keine Angst. Neugierig suchen sie in den Rucksäcken der Touristinnen und Touristen nach Futter.

Nilgiri-Tahr

Diese Verwandten der Ziegen leben in den Gebirgen im südlichen Indien und sind geschickte Kletterer. Im 20. Jahrhundert hat man sie stark bejagt, sodass weniger als 100 Tiere übrig blieben. Weil sie heute unter Schutz stehen, gibt es wieder mehr von ihnen – etwa 2500 Tiere.

Berggorilla

Weil Berggorillas in Gebieten vorkommen, in denen Menschen Kriege führen, waren sie stark bedroht. Aber es gibt gute Nachrichten: Die Anzahl der Tiere wird allmählich wieder größer.

Das hilft:

Viele Menschen setzen sich inzwischen dafür ein, dass die Gebirgslebensräume mit all ihren Bewohnern besser geschützt werden.

Wildtierkorridore, die Schutzgebiete miteinander verbinden, sind sichere Wanderwege für die Tiere der Berge.

Am Mount Everest werden Bergsteigende belohnt, wenn sie mit mehr als 8 kg Müll im Gepäck zurückkommen.

Wüsten

Wüsten sind extreme Lebensräume. Meistens ist es hier sehr heiß und trocken. Nur wenige Pflanzen können wachsen und die Tiere müssen sehr gut an die Bedingungen angepasst sein.

Fossilien

In Wüsten wurden viele Fossilien gefunden, das sind versteinerte Überreste von Lebewesen. Unter den Funden waren versteinerte Baumstämme, Dinosaurierknochen und sogar Nester von Dinosauriern.

Sanddünen bewegen sich allmählich fort.

Stetiger Wind transportiert die unzähligen Sandkörnchen.

Rückenschaler

In einer Wüste regnet es nur selten. Wenn sich Tümpel bilden, schlüpfen diese Krebstiere aus ihren Eiern und verwandeln sich in sehr kurzer Zeit von der Larve zum erwachsenen Krebs. So können sie ihren Lebenszyklus abschließen, bevor ihr Lebensraum wieder austrocknet.

Apothekerskink

Diese Reptilien sind Sandspezialisten. Fast ihr gesamtes Leben verbringen sie im Sand vergraben, wo sie selbst noch die kleinste Vibration wahrnehmen, die ihre Beutetiere verursachen. Sie sind so gut angepasst, dass es aussieht, als würden sie im Sand tauchen.

Das Problem:

Auf der ganzen Erde werden die Böden schlechter. Gegenden, die früher bewaldet waren, verwandeln sich in Wüsten. Tiere, die an Wälder angepasst sind, können dort nicht überleben.

Wenn Bäume gefällt wurden, stabilisieren ihre Wurzeln den Boden nicht mehr. Er wird von Wind und Regen abgetragen.

Wenn Tiere zu viele Pflanzen fressen, wird der Boden schnell weggespült.

Weil es auf der Erde wärmer wird, gibt es immer mehr trockene Gebiete.

Kängururatte

Die schlauen Kängururatten können in der Wüste überleben, ohne jemals Wasser trinken zu müssen. Sie können aus ihrer Nahrung Wasser gewinnen. Außerdem ist ihr Urin sehr konzentriert und auch über die Haut verdunstet kaum Wasser.

Gopherschildkröte

Diese Schildkröten graben tiefe Baue in den Sand, in denen es kühler ist. In ihren Bauen hat man schon mehr als hundert verschiedene Tierarten gefunden, die sich dort bei großer Hitze ebenfalls zurückziehen.

Saguaro-Kaktus

In der trockenen Sonora-Wüste in Mexiko und den USA gibt es kaum Leben, aber die Saguaro-Kakteen können trotzdem wachsen. Viele Vögel fressen ihre Früchte und Spechte klopfen Nisthöhlen in die stacheligen Stämme.

Skorpion

In vielen Wüsten gibt es Skorpione. Meistens verbergen sie sich während der Tageshitze in einem kühlen Bau oder unter Steinen. Nachts gehen sie auf die Jagd. Ihr Außenskelett verhindert, dass der Körper in der Hitze austrocknet.

Das hilft:

Wir können die Ausbreitung der Wüsten aufhalten, indem wir Nutztiere besser halten und nur Lebensmittel kaufen, die verantwortungsvoll hergestellt wurden.

Pflanzen stabilisieren mit ihren Wurzeln den Boden und verhindern, dass Wind und Regen ihn abtragen.

Wenn weniger Tiere auf den Feldern weiden, kann sich der Boden erholen.

Es gibt Bewässerungsmethoden, die Wasser sparen, z. B. Tröpfchenbewässerung.

Feuchtgebiete

Wie ein gewaltiger Schwamm saugt ein Feuchtgebiet das Regenwasser auf und verhindert auf diese Weise Überschwemmungen. In Trockenzeiten versorgen Feuchtgebiete die Tiere mit Wasser und Nahrung. Sie sind die Lebensräume vieler verschiedener Arten.

Kohlenstoffspeicher

Moore und andere Feuchtgebiete speichern unglaublich viel Kohlenstoff: Etwa ein Drittel des Kohlenstoffs, der auf der Erde gebunden ist, befindet sich in Torfmooren. Damit wirken sie dem Klimawandel entgegen. Wird ein Moor trockengelegt, gelangen große Mengen an Treibhausgasen in die Atmosphäre.

Abgebauter Torf wird als Brennstoff verwendet. Auch in Blumenerde ist oft Torf enthalten. Wenn du mit deiner Familie mal Blumenerde kaufst, achte darauf, dass sie ohne Torf hergestellt ist.

In einem Torfmoor ist mindestens doppelt so viel Kohlenstoff gespeichert wie in einem Wald.

Zu den Feuchtgebieten gehören z. B. Sümpfe, Moore, Marschen,

Wichtige Wasserlöcher

Im Everglades-Nationalpark in Florida graben Alligatoren mit ihren Füßen und Schnauzen kleine Tümpel, in denen sie sich abkühlen. Viele andere Tiere profitieren davon, wie Fische, Schlangen, Schildkröten, Insekten und Vögel.

Wenn nur wenig Sauerstoff im Wasser ist, atmet die Schnecke mit einer Art Schnorchel die Luft über der Wasseroberfläche.

Apfelschnecke

Wenn Mikroben (winzige Lebewesen) im Pantanal, einem Feuchtgebiet in Südamerika, Pflanzenabfälle zersetzen, sinkt der Sauerstoffgehalt des Wassers stark ab. Doch die Apfelschnecke ernährt sich von Pflanzenresten. Das führt dazu, dass das Wasser wieder sauerstoffreicher wird.

Das Problem:

Obwohl Feuchtgebiete so wichtig sind, wurden in den vergangenen 300 Jahren weltweit mehr als 80 Prozent dieser Gebiete zerstört.

Tausende Hektar Feuchtgebiete mussten Feldern, Plantagen und Siedlungen weichen.

Ein großer Teil unserer Abwässer werden ungereinigt in Feuchtgebiete und Gewässer geleitet.

Wenn fremde Arten wie dieser Signalkrebs in Feuchtgebieten ausgesetzt werden, können sie einheimische Arten verdrängen.

Flussauen, Schilfbestände, Seeufer, Flussdeltas, Ästuare und Mangrovenwälder.

Im Erdreich

In der Erde sind alle möglichen wundervollen Dinge verborgen wie Metalle, Mineralien und Fossilien (versteinerte Überreste von Lebewesen). Seit Jahrhunderten graben Menschen nach Schätzen und machen dabei erstaunliche Entdeckungen.

Vorher

Nachher

Torfabbau

Torf bildet sich, wenn sich in einem Moor abgestorbene Torfmoose und andere Pflanzen zersetzen. Weil im Torf große Mengen Kohlenstoff enthalten sind, ist er wichtig für das Klima der Erde. Der Torf wird in vielen Mooren abgebaut, denn man verwendet ihn vor allem, um Pflanzen anzubauen. Dabei wird der gespeicherte Kohlenstoff als Treibhausgas Kohlenstoffdioxid freigesetzt.

Fossilien

Fossilien erzählen uns etwas über die Tiere und Pflanzen, die vor sehr langer Zeit auf der Erde gelebt haben. Manchmal werden sie zufällig entdeckt. In einigen Gegenden sind sie so häufig, dass Forschende gezielt nach ihnen suchen.

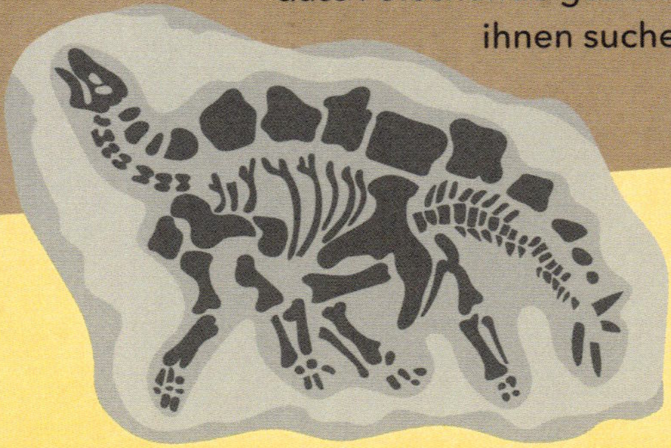

Kohle

Fossile Kraftstoffe

Öl, Kohle und Gas sind fossile Kraftstoffe, die wir verbrennen. Die Gase, die dabei freigesetzt werden, sind schlecht fürs Klima. Zudem werden die fossilen Kraftstoffe irgendwann aufgebraucht sein. Besser ist es, erneuerbare Energiequellen zu nutzen wie Windkraft und Solarenergie.

Bergwerke

Der Erdboden und die Gesteine unter unseren Füßen sind aus unterschiedlichen Bestandteilen zusammengesetzt. In manchen Gegenden kommen bestimmte Mineralien oder Erze besonders häufig vor. Wenn man eine solche Lagerstätte entdeckt, kann man den Rohstoff abbauen. Oft müssen aber die Tiere und Pflanzen, die in der Region leben, dafür weichen.

Mineralien

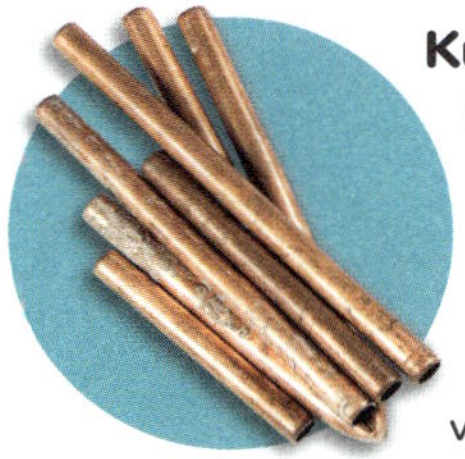

Kupfer
In Chile und Indonesien gibt es große Kupferminen. Kupfer wird zu Draht, Rohren und Maschinenteilen verarbeitet.

Aluminium
Aluminium kann leicht wiederverwertet werden. Daher gibt es zunehmend Anstrengungen, es von Müllhalden einzusammeln und zu recyceln.

Gold, Silber und Diamanten
Diese Mineralien werden abgebaut, weil sie schön aussehen. Man kann Schmuckstücke daraus anfertigen.

Das Problem:

Gefährliche Arbeit

Manchmal machen die Bodenschätze die Menschen, die in den Minen und Bergwerken arbeiten, krank.

Vergiftetes Wasser

Oft fallen giftige Abwässer an, die die Gewässer verschmutzen. Das ist für die Menschen und Tiere gefährlich, weil sie auf sauberes Wasser angewiesen sind.

Elektrogeräte

Viele der Rohstoffe, die wir abbauen, werden zu Elektrogeräten verarbeitet. Leider reparieren wir kaputte Elektrogeräte viel zu selten, sondern kaufen gleich neue. Das bedeutet jede Menge Abfall.

Was können wir tun?

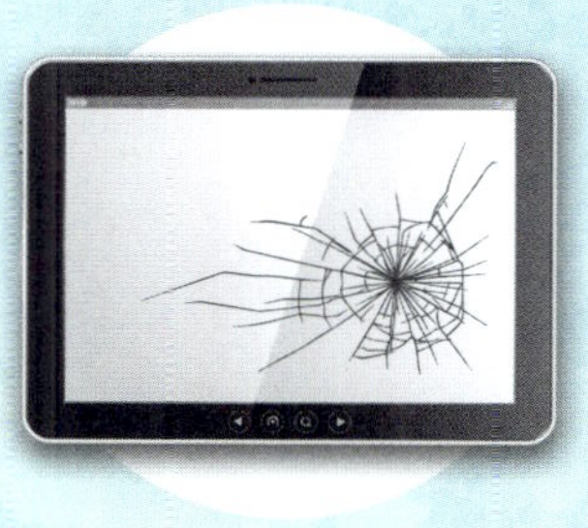

Bitte deine Familie, kaputte Elektrogeräte zu reparieren. Werft nichts weg, was noch geht, nur weil ihr ein neues Gerät wollt.

Solaranlagen sind umweltfreundlicher als Anlagen, in denen fossile Kraftstoffe verbrannt werden.

Bitte deine Eltern, im Garten nur torffreie Erde zu verwenden.

Meereis

Jeden Winter gefrieren in den Polarmeeren unvorstellbare Mengen Meerwasser. Im Sommer schmilzt viel von diesem Eis, aber ein Teil bleibt erhalten. Viele Tiere sind auf das Meereis angewiesen und es ist auch für das Klima der Erde sehr wichtig.

Eisbär

Eisbären brauchen eine stabile Eisdecke. Sie legen weite Strecken auf dem Eis zurück und bauen ihre Höhlen im Schnee. Wenn das Meereis schmilzt, können sie nicht mehr erfolgreich jagen und keine Jungen großziehen.

Schützende Eisschicht

Das Meereis bildet eine Schicht am Rand des Eisschelfs, einer Eisplatte, die mit dem Land verbunden ist. Diese Schicht hält Wind und Wellen ab und das Wasser darunter ist wärmer.

Robben

Einige Robbenarten wie Sattelrobben, Largha-Robben und Ringelrobben kommen selten an Land. Sie brauchen das Meereis. Ihre Jungen werden auf den Eisschollen geboren und bleiben dort zurück, wenn ihre Mütter im Meer jagen.

Narwal

Narwale ziehen sich zum Schutz vor Räubern wie Schwertwalen unter das Meereis zurück.

Licht wird reflektiert

Weil das Eis weiß aussieht, wird von ihm viel mehr Licht und Wärmestrahlung zurückgeworfen als von der dunklen Wasseroberfläche in der Umgebung. Das trägt zur Abkühlung des Erdklimas bei.

Walrosse

Walrosse ernähren sich von Muscheln am Meeresgrund. Von Eisschollen aus tauchen sie hinab in die Tiefe. Wenn sie auf der Suche nach neuen Nahrungsgründen sind, bewegen sie sich über das Eis fort.

Verbreiteter Irrtum

Wenn Eiswürfel in der Limonade schmelzen, läuft das Glas trotzdem nicht über. Auch der Meeresspiegel steigt nicht an, wenn das Meereis schmilzt.

Algen, die das Eis lieben

Algen, die unter der Eisschicht wachsen, sind eine wichtige Nahrungsquelle für viele Tiere, die über und unter dem Eis leben. Auch viele Räuber sind auf das Meereis angewiesen, da ihre Beutetiere sich von den dort wachsenden Algen ernähren. Die Algen bilden die Grundlage des Nahrungsnetzes.

Das Problem:

Weil sich das Klima verändert, schmilzt das Eis der Polargebiete seit den 1970er-Jahren. Bald wird es im Sommer ganz verschwunden sein.

Tiere, die vom Eis abhängig sind, verlieren ihren Lebensraum, wenn das Eis schmilzt.

Das hilft:

Diese einfachen Änderungen tragen dazu bei, den Klimawandel aufzuhalten:

Um Energie zu sparen, schalte Elektrogeräte aus, wenn du sie nicht mehr benutzt.

Geh zu Fuß oder benutze öffentliche Verkehrsmittel, statt dich mit dem Auto fahren zu lassen. Das spart Treibhausgase.

Bitte die Erwachsenen, auf Strom aus erneuerbaren Quellen umzustellen.

Pflanze eine Wildnis

Bienen, Schmetterlinge und andere Insekten, die zuckerhaltigen Nektar trinken, brauchen häufig neue Energie. Sie besuchen gern Blüten, die viel Nektar bilden.

In einem Unterteller kannst du den Tieren Wasser anbieten.

Zweige sind wichtig, damit kleine Tiere nicht ertrinken.

Eine kleine Ecke genügt

Für ein Stück Wildnis brauchst du nicht viel Platz. Dafür reicht schon eine kleine Ecke auf dem Balkon, im Hof oder Garten. Die Tiere werden ganz gewiss vorbeikommen.

Eine beschädigte Tasse ist ein prima Blumentopf.

Deine Wildnis

Es ist nicht schwierig, einen Rückzugsort für Tiere zu schaffen, die in deiner Umgebung leben. Finde heraus, was sie am liebsten mögen!

Säe Wildblumen aus

Du kannst verschiedene Wildblumen aussäen, sodass sich vom Frühling bis in den Herbst Blüten öffnen, die Insekten anlocken.

Efeu wachsen lassen

Zwischen den Blättern können sich Vögel und andere Tiere verstecken und die Blüten bieten Insekten Pollen und Nektar.

Verstecke für Igel

Lass einen Haufen aus Ästen und Laub in deinem Hof oder Garten liegen. Viele kleine Tiere finden hier Nahrung und Igel können darin überwintern.

Die Wunder der Natur

Unsere Erde ist häufig ein hektischer Ort, deshalb können wir nicht immer so leicht abschalten und uns entspannen. In der Natur kommst du am besten zur Ruhe. Atme tief ein und aus und bewundere die schönen Dinge in deiner Umgebung. Das hilft dir dabei:

Im Frühling sind wir insgesamt ruhiger, gesünder und positiver.

Beobachte den Sonnenaufgang

Die Sonne steigt über dem Horizont auf und ihre Strahlen wärmen dich. Du bekommst Energie für den neuen Tag.

und den Sonnenuntergang

Suche dir einen ruhigen Ort und beobachte den Sonnenuntergang. Der Himmel nimmt jetzt viele schöne Farben an.

Wenn die Sterne funkeln

Schaue in den Nachthimmel mit all seinen Sternen. Wie viele andere Menschen blicken wohl gerade zu denselben Sternen?

Du und deine Umwelt

Gehe schwimmen.

Barfuß laufen ist herrlich!

Setze dich unter einen Baum.

Höre den Vögeln zu!

Es ist wissenschaftlich bewiesen, dass der Gesang der Vögel die Menschen glücklich macht und Stress vermindert. Lausche den Vogelgesängen, besonders im Frühling.

Das Wetter

Welche Gestalten kannst du in den Wolken erkennen? In der Natur gibt es jede Menge wunderbare Dinge wie Regenbögen, Schneeflocken und noch vieles mehr.

Glossar

Aas
Der Körper eines toten Tiers.

Ästuare
Bereiche, in denen große Flüsse ins Meer münden. Sie sind von Ebbe und Flut beeinflusst und Übergang vom Süßwasser des Flusses ins Salzwasser des Meeres.

Artenvielfalt
Wenn in einem Gebiet viele unterschiedliche Arten von Lebewesen (z. B. Tiere, Pflanzen und Pilze) vorkommen.

Damm
Eine Barriere in einem Gewässer, die das Wasser anstaut.

Dünger
Natürliche oder künstliche Stoffe, die bewirken, dass Pflanzen schneller wachsen.

Erneuerbare Energien
Solche Energiequellen versiegen niemals, wie die Sonne oder der Wind. Man nennt sie auch nachhaltige Energien.

Evolution
Alle Tier- und Pflanzenarten passen sich während vieler Generationen an ihre Umgebung an und verändern sich dabei.

Flussauen
Überschwemmungsgebiete von Flüssen oder Bächen, die zeitweise trocken sind, dann aber wieder überschwemmt werden.

Fossile Kraftstoffe
Dazu gehören Kohle, Erdöl und Erdgas. Sie haben sich im Erdboden aus Tieren und Pflanzen gebildet, die vor Jahrmillionen gestorben sind.

Fruchtkörper
Der oberirdische Teil eines Pilzes, in dem sich die Sporen entwickeln.

Galaxie
Eine riesige Ansammlung von Sternen, Gas und Staub im Universum. Sie wird von der Schwerkraft zusammengehalten.

Gen
Ein Abschnitt auf der Erbsubstanz, der für die Ausbildung eines bestimmten Merkmals sorgt, wie z.B. die Blütenfarbe.

Keimen
Wenn sich aus einem Samen eine junge Pflanze entwickelt.

Landwirtschaft
Das Anbauen von Nutzpflanzen und Halten von Tieren.

Lichtverschmutzung
Die Aufhellung des Nachthimmels durch die vielen künstlichen Lichter in den Städten.

Marsch
Flache Landstriche auf Höhe des Meeresspiegels in der Nähe von Küsten und Flüssen. Die Feuchtgebiete werden nur bei Sturmfluten überschwemmt und daher oft als Weide- oder Ackerland genutzt.

Metamorphose
Ein Vorgang, bei dem sich der Körper eines Tiers im Laufe seines Lebens deutlich verändert.

Mikroben

Winzige Lebewesen wie Bakterien.

Nachhaltig

Solche Materialien oder Energien wurden umweltfreundlich produziert und halten lange Zeit.

Natürliche Auslese

Bei diesem Vorgang überleben die am besten angepassten Lebewesen und geben ihre Merkmale an die nächste Generation weiter.

Naturschutz

Wenn Menschen sich bemühen, die Umwelt und alle Pflanzen und Tiere zu schützen.

Nutztiere

Tiere, die wir halten, um Milch, Eier, Fleisch, Leder oder andere Produkte zu bekommen. Zu den Nutztieren gehören z.B. Kühe, Hühner und Schafe.

Ökosystem

Eine Gemeinschaft aus Lebewesen und die Umwelt, in der sie leben.

Ozonschicht

Dieser Teil der Erdatmopshäre hält gefährliche Sonnenstrahlung von der Erdoberfläche fern.

Polarlichter

Die bunten Lichter kannst du in der Nähe des Nord- und Südpols am Nachthimmel beobachten.

Räuber

Ein Tier, das andere Tiere jagt, um sich von ihnen zu ernähren.

Rodung

Wenn Bäume gefällt und die Wälder zerstört werden.

Schwerkraft

Eine unsichtbare Kraft, die dafür sorgt, dass sich Dinge gegenseitig anziehen.

Treibhausgase

Gase in der Erdatmosphäre, die bewirken, dass es auf der Erde wärmer wird.

Wanderung

Wenn Tiere zu bestimmten Jahreszeiten von einer Region in eine andere laufen, schwimmen oder fliegen.

Wirbelloses Tier

Ein Tier ohne Wirbelsäule und ohne Skelett aus Knochen.

Register

N

O

P

R

S

T, U

W, Z

Dank und Bildnachweis

DK dankt:

Rituraj Singh für die Bildrecherche und Susie Rae für das Register.

Der Verlag dankt folgenden Personen und Organisationen für die freundliche Genehmigung zum Abdruck von Fotos:

(o=oben; u=unten; m=Mitte; g=ganz; l=links; r=rechts)

123RF.com: alekss 38mlu, anthonycz 12m, 44ul, aopsan / Natthawut Panyosaeng 41mru, Tim Hester 40m (Hundertfüßer), Eric Isselee 18mru, Andrea Izzotti 53ml, Kittipong Jirasukhanont 9gol, jukurae 11gor, Piotr Krzeslak 65mru, madllen 25m, mhgallery 42ul, Dmytro Nikitin 52um (Lastwagen), onairjiw / Sataporn Jiwjalaen 7mru, Ekaterina Pereverzeva 67mu, Peterz / Peter Zaharov 39um, Isselee Eric Philippe 43mlo, sonsedskaya / Yuliia Sonsedska 38mru, Thuansak Srilao 56ur, swavo 49m, Thawat Tanhai 16-17 (Schmetterling x2), weenvector 16-17 (Schilf x4), Richard Whitcombe 11mro, PAN XUNBIN 40ml, zhudifeng 29gor; **Alamy Stock Photo:** Ashley Cooper pics 21gol, BIOSPHOTO / Adam Fletcher 30mu, blickwinkel / F. Hecker 55gol, blickwinkel / H. Bellmann / F. Hecker 23ul, Blue Planet Archive EDA 18-19 (Hintergund), Rick & Nora Bowers 27gol, Neil Bowman 39mo, David Tipling Photo Library 56gor, Chad Ehlers 8-9mo, Richard Ellis 59gol, Enlightened Images / Gary Crabbe 56ml, Barry Freeman 57gol, Tim Gainey 26m, Helmut Göthel Symbiosis 30ul, imageBROKER / Michaela Walch 37gor, Ivan Kuzmin 57mr, Emmanuel Lattes 23mlo, Frans Lemmens 56mr, Buddy Mays 23mro, Minden Pictures / Sean Crane 27mlu, Minden Pictures / Stephen Belcher 43go, William Mullins 57gor, Nature Photographers Ltd / Paul R. Sterry 49mu, Nature Picture Library / Jurgen Freund 28mlu, Nature Picture Library / MYN / Tim Hunt 33mo, 33mlu, Nature Picture Library / Will Burrard-Lucas 47mlu, Brian Overcast 43mu, Roger Phillips 20ml, David Plummer 23mru, Lee Rentz 19m, REUTERS / NIR ELIAS 47mru, SuperStock / RGB Ventures / Rainbow / Skip Moody 30mlu, Nick Upton 36ul; **Corbis:** Ocean 10mu (Toilette); **Dorling Kindersley:** Jerry Young und Jerry Young 34 (Assel x2), 64ul, Cotswold Farm Park, Gloucestershire 30-31 (Ziege x4), Dan Crisp 8-9 (Meteor x4), Aleesha Nandhra 1 (Biber), 1 (Biene), 2 (Marienkäfer), 2 (Spinne), 2ur, 3 (Biene), 3 (Assel), 6mro, 12-13m, 14 (Biene), 19 (orange Fische), 20 (Tausendfüßer), 20-21 (Ameisen), 23mu, 24ur, 25ml, 26 (Nachtfalter x2), 29gol (Ceratocaryum argenteum-Samen), 29cl, 32-33 (Tange und Blasen), 34 (Biene), 35mlu, 36-37 (Biber-Illustrationen x 5), 41m, 58gor, 64 (Marienkäfer), 64 (Assel), 64 (Spinne), 65 (Biene), 70-71 (Tange und Blasen), 72 (Biber x4), 72 (Biene x2), Natural History Museum, London 44mro, 45mru, 48mru, RHS Hampton Court Flower Show 2014 35um (Garten); **Dreamstime.com:** 3dsculptor / Konstantin Shaklein 9gom, Aksitaykut 53um, Aopsan / Natthawut Punyosaeng 67gol, Natalia Bachkova 34ml, Nilanjan Bhattacharya 30mr, Buriy 15mro, Ziga Camernik 34mlu, Puntasit Choksawatdikorn 49m (Zooplankton), Christineg 56-57 (Hintergrund), Comzeal 34um, Conchasdiver 18mu (Schwamm), Kalifornsicher Kondor 47gor, Neal Cooper 29gol, Costasz 13mru, Natalya Danko 61um, Denboma 29mro, Djahan / Vladimir Ovchinnikov 61mr, Dlehman97 / Drew Lehman 65mr, Duki84 23mu (Traktor), Dule964 2gol, 25r (Eichenblätter x4), Dutchscenery 11mr, Ecelop 61ml, Roman Egorov 8-9u (Hintergrund), Ewanchesser / Callan Chesser 40mlu, Iakov Filimonov 54ur, Svetlana Foote 30mr, Freezingpictures / Jan Martin Will 63mro, Galinasavina 31mru, Gallinagomedia 38ml, Galuniki 6-72 (Erdkugeln), Stefan Hermans 13gor, Eric Isselee 31 (Ziege x3), 40mru, Isselee 30-31 (Schafe x4), 30-31 (Zwergschwein x4), 30-31 (Schafe x3), 31 (Kuh x4), 31 (Lamm x5), 32m, 32mu, 40mo, 40mro (Komodowaran), 58gor (Libelle), 64gor, Iulianna Est 14mru, Izanbar 48m, Jackf / Iakov Filimonov 62mlo, 69mru, Javarman 31mro, Jezper 9ur, Jgade 33gol, 58ur, Aleksandar Jocic 17mu, Jpsdk / Jens Stolt 38-39 (Schmetterlinge), 42-43 (Monarchfalter), Jan Kamenář 52ml, Elena Kazanskaya 40m, Kirati Kicharearn 8ur, Kkaplin / Kira Kaplinski 41mlu, Konart 47gol, Irina Kozhemyakina 40mlu (Opossum), Tetyana Ksyonz 46 (Silhouette), Kurkul 52um, Andrey Kuzmin 49mro, Lalalulustock 27gor, Muriel Lasure 30-31 (weidende Kuh x4), Libux77 6mu, 7um, Anastasiia Lytvynenko 31 (Schweinchen x3), Mark6138 / Mark Eaton 40mu (Tomate), Christopher Meder 46 (Hintergrund), Mille19 39mr, Duncan Noakes 41mlo, Nostone 41mu, Pop Nukoonrat 67ur, Okea 10um, Sean Pavone 39mru, Petejw / Peter Wilson 52gor, Photka 49mru (Tonne), Photoeuphoria 49mru, Photographyfirm 41mro, Photomall 15mr, Photopips 53ur, Pnwnature 35um, Pawel Przybyszewski 41mo, Pxhidalgo / Pablo Hidalgo 23um, 53mr, Richcareyzim / Richard Carey 48-49u (Hintergrund), Rolmat / Rui Matos 8mu, Romrodinka 58-59 (Hintergrund), Saaaaa 53gor, Darryn Schneider 62-63go (Hintergrund), 68-69mu (Hintergrund), Andrei Shupilo 34-35 (Ameisen x6), Joe Sohm 54-55 (Hintergrund), Bidouze St¥Ë_phane 52-53 (Hintergrund), Stockr 17m, Subbotina 17mru (Huhn), Supertrooper 31 (Kuh x3), Syaber / Vladyslav Siaber 15ur, Jordan Tan 9mro, Trinijacobs 55ml, Sergey Uryadnikov 15gol, Usensam2007 / Roman Samokhin 30mrgo, Vasiliy Vishnevskiy 67ul, Aleksandr Vorobev 34um (Buenos Aires), Vvoevale 67gor, Imogen Warren 53gol, Dennis Van De Water 31ur, Jolanta Wojcicka 18mu, Yocamon 52ur, Zakalinka 65mro, Zanskar / Vladimir Melnik 63mlo, Abeselom Zerit 54ml, Zniehf 58mlu, Rudmer Zwerver 38ml (Fledermaus); **Fotolia:** apttone 61ur, Eric Isselee 31um, Olena Pantiukh 30-31mu (Henne x7); **Getty Images:** EyeEm / Haryadi Bakri 27ur, Moment Open / Chris Minihane 30um, Thomas Roche 57ml; **Getty Images / iStock:** alisontoonphotographer 27mr, Robin Bouwmeester 22-23 (Hintergrund), neil bowman 38mo, Rainer von Brandis 51mr, BrianAJackson 4-5 (Hintergrund), 28-29 (Hintergrund), 57um, Marc Bruxelle 45gol, Roberto Campello 12mlu, castigatio 20-21 (Hintergrund), charliebishop 11ur, cmturkmen 59mr, Gerald Corsi 55gor, danleap 30-31mu, deimagine 17gor, Iryna Dobytchina 35gom, E+ / hadynyah 55um (Frau), E+ / PeteWill 11mo, E+ / PictureLake 57ur, E+ / ugurhan 16ml, E+ / ultramarinfoto 50u, eco2drew 49gom, Leonid Eremeychuk 16mu, estivillml 54mr, gene1988 14mu, GlobalP 39mlo, Henrik_L 44m, 45m, Ian_Redding 29mlu, 34mr, lechatnoir 53um (Mädchen), Lucilleb 55um, MikeLane45 59mru, Muenz 34-35 (Hintergrund), paule858 35ml, 35mlu (Ameisennest), phototrip 39mro, Picsfive 54um, piyaset 59mro, redmal 2-3m (Hintergrund), 24-25m (Hintergrund), ricardoreitmeyer 26-27 (Hintergrund), RTimages 63mru, spawns 61mro, 63ur, go_kimura 2-3mu (Hintergrund), 24-25mu (Hintergrund), TShum 16-17 (Hintergrund), Utopia_88 28mru, Wim Verhagen 14mlu, vlad61 51u, WLDavies 42-43 (Hintergrund), yotrak 56um, zampe238 55mr, zanskar 14-15, zlikovec 14mu (Kiefer), Zocha_K 31mr; **NASA:** NASA Earth Observatory-Bilder von Joshua Stevens, mit Daten von Landsat der U.S. Geological Survey 19mro; **Science Photo Library:** Louise Murray 63mlu; **Shutterstock.com:** Cathy Withers-Clarke 52mr, PomlnPerth 39m, Westend61 on Offset / Kiko Jimenez 50mro, Danny Ye 47ur.

Cover: *Vorn*: **Dorling Kindersley:** Aleesha Nandhra u/ (Biene, Regenwurm & Hundertfüßer); **Dreamstime.com:** Jpsdk / Jens Stolt (Schmetterlinge). **Nachsatz: Dreamstime.com:** Jens Stolt (Schmetterlinge).

Noch mehr Naturbücher:

ISBN 978-3-8310-4137-4
ab 7 Jahre

ISBN 978-3-8310-4137-4
ab 7 Jahre

ISBN 978-3-8310-4444-3
ab 7 Jahre

ISBN 978-3-8310-4050-6
ab 6 Jahre

DK

www.dk-verlag.de